Otto W. Hahn

Johann Heinrich Jung-Stilling

R. BROCKHAUS

R. Brockhaus Taschenbuch Bd. 1108

R. Brockhaus Bildbiographien

herausgegeben von Carsten Peter Thiede

© 1990 R. Brockhaus Verlag Wuppertal und Zürich
Umschlaggestaltung: Carsten Buschke, Solingen
Gesamtherstellung: Breklumer Druckerei Manfred Siegel KG
ISBN 3-417-21108-5

Gewidmet
als ein Zeichen der Verbundenheit
den Diakonissen
und
der Diakoniegemeinschaft
sowie der Mitarbeiterschaft
der Evang. Diakonissenanstalt Karlsruhe-Rüppurr,
eines Werkes der badischen Erweckung,
für die auch Jung-Stilling Wegbereiter war.

INHALT

VORWORT

Vor 250 Jahren wurde Johann Heinrich Jung-Stilling (12.9.1740-2.4.1817) im Siegerland geboren. Mit seinem eindrucksvollen Werdegang vom Schneidergesellen zum berühmten Augenarzt und Professor der Volkswirtschaft und schließlich zum geistlichen Berater des badischen Großherzogs und vieler anderer Persönlichkeiten in Staat und Kirche; mit seiner weitverbreiteten und bis heute gern gelesenen Autobiographie (»Lebensgeschichte«, 5 Teile und Fragment eines 6. Teils), deren 1. Teil, von Goethe im Jahr 1777 in den Druck gegeben, Friedrich Nietzsche unter die vier besten Bücher der ganzen deutschen Prosaliteratur zählte; und mit seiner sonstigen erstaunlichen schriftstellerischen Leistung als Autor von Romanen, Erzählungen, Gedichten und vieler wissenschaftlichen Veröffentlichungen aus verschiedenen Wissensgebieten, die zum Teil heute noch Neuauflagen erleben, gehört er gewiß zu den interessantesten Persönlichkeiten der deutschen Geistesgeschichte.

Jedoch seine im letzten Lebensdrittel geübte Wirksamkeit als Erbauungsschriftsteller und Briefseelsorger führte ihn erst zu seiner eigentlichen Bestimmung und Bedeutung als »Patriarch der Erweckung«. Zu Weltruf gelangte Jung-Stilling durch seinen Roman »Das Heimweh« (1794/96), den man als die Programmschrift der Erweckung bezeichnen könnte. Diese geschichtlich wirksame Schrift wurde in viele Sprachen übersetzt und fand schon zu Jung-Stillings Lebzeiten in ganz Europa seine Leser vom Fürstenthron bis in die Bauernstube, aber auch ganze Lesergemeinden in Asien und Amerika. Bis in unser Jahrhundert hinein hatte Jung-Stillings »Heimweh« seinen selbstverständlichen Platz in den Bücherregalen christlicher Häuser. Vielleicht gelingt eine Neuauflage bis 1994 zur 200. Wiederkehr der Ersterscheinung.

Was aber noch viel wichtiger ist: Jung-Stilling wurde vielen Menschen durch seine seelsorgerliche Arbeit in direkter Weise ein Wegweiser zu Christus, und durch seinen Rat und seinen Einfluß bei der Entstehung verschiedener Werke der Äußeren und Inneren Mission half er außerdem unzähligen Menschen auf indirekte Weise zum Wohl und zum Heil. Diese doppelte Wirkung Jung-Stillings kann man sich nicht umfassend genug vorstellen, und seine Segensspuren sind bis heute zu finden (vgl. Offenbarung 14,13).

Jung-Stilling erlitt aber auch viele Anfeindungen, ja es gab wohl wenige Menschen, die zu gleicher Zeit so geliebt und geachtet und so verachtet und verspottet wurden wie Jung-Stilling. In seiner Autobiographie sagte er selbst: »Stilling war einer von den Menschen, die niemand gleichgültig sind, entweder man mußte ihn lieben, oder man mußte ihn hassen.« Diese beiden Grundpositionen sind bis zum heutigen Tag in der Literatur anzutreffen. Wie überall, so gilt auch hier die Regel, daß man sich nicht den Vorurteilen anderer überlassen, sondern sich ein eigenes Urteil bilden sollte – bei einer historischen Gestalt eben an Hand der Quellen. Und speziell für einen Christen, der ein abgeschlossenes Lebenswerk zu beurteilen hat, gilt schließlich das von Christus selbst genannte Kriterium: »An ihren Früchten sollt ihr sie erkennen!« (Matthäus 7,16)

Jung-Stillings Lebenslauf ist in vielen Einzelheiten durch seine selbstverfaßte »Lebensgeschichte« bekannt geworden. Immer wieder wurde sie neu aufgelegt, häufig allerdings in verkürzter Textgestalt. Die erste wissenschaftliche Ausgabe der Autobiographie, von Universitätsprofessor Dr. Gustav Adolf Benrath in Mainz bearbeitet, ist 1976 erschienen. Sie öffnete gleichsam der nachfolgenden Jung-Stilling-Forschung die Tür. Eine umfassende Biographie nach modernen wissenschaftlichen Maßstäben steht aber noch aus. Es wurden bisher lediglich einzelne Phasen der

Lebensgeschichte Jung-Stillings wissenschaftlich erarbeitet (s. Literaturverzeichnis). Die hier vorliegende, kurzgefaßte Bildbiographie kann eine künftige große Jung-Stilling-Biographie nur mitvorbereiten; sie kann auf keinen Fall die Lektüre der zeitlos schönen, bisher jede Generation wieder neu ansprechenden Autobiographie Jung-Stillings ersetzen. Folglich darf sie auch nicht einfach nacherzählen, was in der »Lebensgeschichte« viel besser zu lesen ist. Ihre Aufgabe besteht vielmehr darin, bisher weniger bekannte und unbekannte Elemente und Aspekte von Jung-Stillings Leben und Wirken herauszustellen und dann besonders die für die Gegenwart wichtigen Erträge theologischer Analysen der Werke Jung-Stillings einer breiteren Leserschaft zugänglich zu machen. So kann sie auch die jüngst von dem großen Jung-Stilling-Freund, Universitätsprofessor Dr. Gerhard Merk in Siegen, geschriebene, ebenfalls kurzgefaßte Biographie Jung-Stillings sinnvoll ergänzen. – Für den wissenschaftlich interessierten Leser kann diese Bildbiographie eine einleitende und hinführende Lektüre bilden. Die zur Vertiefung und weitergehenden Auseinandersetzung notwendigste Literatur ist im Anhang angegeben.

Zur besseren Lesbarkeit wurden die in den Text eingeschobenen Quellenzitate unter Wahrung des originalen Wortlauts der heutigen Schreibweise angeglichen. Bei Zitaten aus Jung-Stillings »Lebensgeschichte« ist zu beachten, daß Jung-Stilling dort von sich selbst in der dritten Person spricht.

Die Verpflichtung zur Einlösung meines dem R. Brockhaus Verlag gegebenen Versprechens, eine Bildbiographie über Jung-Stilling abzufassen, traf mich am Beginn einer neuen beruflichen Aufgabe, die mir keinen Raum zu literarischer Tätigkeit ließ. So blieb lediglich die äußerst gedrängte Zeit eines kurzen Winterurlaubs übrig, um das Buch zu schreiben. Ich hoffe, daß dieser Umstand den Wert des Buches nicht beeinträchtigt und es vielen Lesern solide Information über eine wichtige Gestalt der neueren Kirchengeschichte bieten und schließlich jenes große Anliegen deutlich zum Ausdruck bringen kann, für das Jung-Stilling in seinen letzten Jahrzehnten lebte, wie er es sich von Gott erbat: »Dein Reich sei Endzweck meines Strebens.«

Herzlich danke ich Herrn Professor Benrath, dem bekannten und anerkannten Jung-Stilling-Kenner, für seine Freundlichkeit, den so schnell entstandenen Text dieser Bildbiographie vor der Drucklegung durchzusehen und mir auf diese Weise wertvolle Hilfe bei der Korrektur und Kürzung des Textes zu leisten.

Karlsruhe, im Sommer 1990   Otto W. Hahn

1. Kindheit und Jugend im Siegerland (1740-1762)

Johann Heinrich Jung, der sich seit 1777 »Stilling« nannte (nach Psalm 35,20), wurde am 12. September 1740 in Grund bei Hilchenbach im Siegerland als einziges Kind des Schneiders und Dorfschullehrers Johann Helmann Jung (1716-1802) und der Pfarrerstochter Johanna Dorothea Katharina (Dortchen) geb. Fischer (1717-1742) geboren. Der Großvater mütterlicherseits, in Littfeld wohnhaft, war wegen separatistischer und alchimistischer Neigungen seines Amtes enthoben worden. Sein Enkel lernte ihn nicht mehr kennen. Die Großmutter mütterlicherseits war zu jenem Zeitpunkt gleichfalls verstorben. Die Großeltern väterlicherseits, der Kleinbauer und Kohlenbrenner Johann Eberhard (Ebert) Jung (1680-1751) und seine Frau Margarethe geb. Helmes (1686-1765) sollten dagegen für die geistige und religiöse Entwicklung des Enkels eine herausragende Rolle spielen. Auch sein Patenonkel Johann Heinrich Jung (1711-1786), der älteste Sohn von Ebert Jung, ein hochbegabter, vielseitig talentierter Mann, der sich im Selbststudium mit Mathematik, Physik, Geologie, Mineralogie und Astronomie beschäftigte und als Köhlergehilfe und Ingenieur, als Landmesser und schließlich als Oberbergmeister betätigte, hatte eine prägende Wirkung auf ihn; denn er nahm sein Patenamt ernst und pflegte die Beziehung zu seinem Patensohn lebenslang.

Jung-Stillings Eltern wohnten im Haus der Großeltern in Grund. Der Vater, jüngster Sohn von Ebert Jung, war körperlich gebrechlich und konnte deswegen in der elterlichen Landwirtschaft nur sehr wenig und in der Kohlenbrennerei gar nicht mitarbeiten. So war er Schneider und Dorfschulmeister geworden. Aber auch die Mutter Dortchen war von schwacher Konstitution. Sie verfiel nach Jung-Stillings Geburt in Schwermut und Todessehnsucht.

Das Dorf im Grund, Stillings Geburtsort.
Alte Lithographie

Jung-Stillings Geburtshaus in Grund
(rechts im Bild; Blick von Westen)

Nach einer kurzen Krankheit starb sie im Alter von 25 Jahren am 19. April 1742, als ihr Sohn, der ganz ihre Gesichtszüge und ihre empfindsame Art geerbt hatte, gerade erst eineinhalb Jahre alt war. Der Vater, zutiefst erschüttert

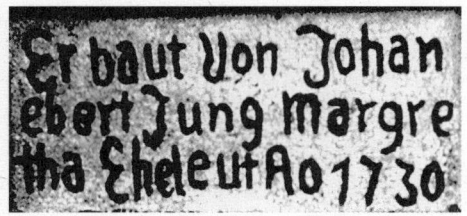

Gedenktafel an Jung-Stillings Geburtshaus, das von seinen
Großeltern erbaut wurde

15

Die Ginsburg bei Grund, 593 m ü.d.M.

über den Verlust seiner Frau, zog sich mit seinem Kind in die Einsamkeit einer Dachkammer im großelterlichen Haus zurück. Die 55jährige Großmutter, eine tüchtige und gemütvolle Frau, übernahm zusammen mit ihren vier Töchtern, die noch alle im Hause wohnten, die Versorgung des Witwers und des Halbwaisen.[1] Der Großvater Ebert versuchte dem Buben zu helfen, wo er konnte und ihm zu geben, was er hatte. Und das war nicht wenig. Mit seiner Lebensweisheit und Tüchtigkeit, seiner Bescheidenheit und Güte, mit seinem pädagogischen Geschick und seiner Erzählkunst, seiner elementaren Verbundenheit mit der Kirche und mit der Natur, mit seinem gesunden Selbstbewußtsein und seiner nüchternen Alltagsfrömmigkeit übte er einen bleibenden Einfluß auf den kleinen Johann Hein-

rich aus, und dieser gewann »eine Liebe zu seinem Großvater, die über alles ging«. Am liebsten begleitete er den
Großvater zur Kohlenbrennerei in den Wald und, mit einer raschen Auffassungsgabe und einem lebhaften Interesse für seine Umwelt begabt, gewann er durch ihn gründliche Kenntnisse der Natur, der Pflanzen und der Tiere, im
Kohlenbrennen, in der Forstwirtschaft und in der Landwirtschaft. Im Jahr 1751 verlor Jung-Stilling seinen gelieb-
ten Großvater, der an den Folgen eines Sturzes beim Dach-
decken im August jenes Jahres im Alter von 71 Jahren
starb. Sein Bild aber prägte sich der Seele Jung-Stillings un-
auslöschlich ein.

Der Einfluß seines Vaters war nicht weniger wirksam
und wichtig, aber er war von anderer Art. Später, als Professor und Schriftsteller schon längst ein berühmter Mann,
blickte Jung-Stilling dankbar auf diese Zeit zurück: »Da die
Hantierung meines Vaters von der Art war, daß er immer
auf seiner Stube sitzen mußte, so konnte er auch meine Erziehung vollkommen abwarten; er hielt mich von allen
Kindern entfernt, und niemand sah mich außer dem Hause, doch durfte ich täglich in den Hof spazieren gehen, sobald sich mir aber irgendein Knabe näherte, so pfiff er, und
ich eilte wieder in meine Einsamkeit. Sowie ich morgens
aufgestanden war, kniete mein Vater mit mir nieder und
betete mit Inbrunst, besonders für mich; im heiligen
Schauer denke ich noch oft daran, wie er gleichsam seinen
Gott beschwor, einen rechtschaffenen Mann aus mir zu
machen; dann bestand mein ganzes Geschäft den Tag über
im Lesen, Schreiben, Rechnen und Erlernung der Reli-
gionswahrheiten; da nun mein Kopf weder mit Kinder-
spielen noch mit sonst etwas in der Welt angefüllt war, so
machte alles, was ich lernte, tiefen Eindruck auf mich, und
hier liegt der Grund, warum Gelehrsamkeit und Wissenschaften von jeher meine Lieblingsneigungen gewesen
sind. Den Abend vor Schlafengehen betete mein Vater
abermals auf die nämliche Weise wie des morgens...« »Ich

Blick von Westen her auf die Kirche in Hilchenbach; vgl. S. 20

sah und hörte nichts als Religion und Christentum und Menschen, die dadurch heilig und fromm geworden waren und für den Herrn und sein Reich gewirkt und gelebt, auch wohl Blut und Leben für ihn geopfert hatten; nun ist aber bekannt, daß die ersten Eindrücke in eine noch ganz leere Seele, besonders wenn sie allein, stark und jahrelang anhaltend sind, dem ganzen Wesen des Menschen unauslöschbar eingeätzt werden, das war also auch mein Fall: Jener Grundtrieb, weit ausgebreitete ins Große und Ganze gehende Wirksamkeit für Jesum Christum, seine Religion und sein Reich, wurde meinem ganzen Wesen so tief eingeprägt, daß ihn während so vieler Jahre keine Leiden und kein Schicksal hat schwächen können, er ist im Gegenteil immer stärker und unüberwindlicher geworden; wurde er auch zu Zeiten durch dunkle Aussichten auf kurz oder lang dem Anschauen entrückt, so fiel er mir hernach doch wieder um so viel deutlicher in die Augen.«

Mag nun die Erziehungsweise des Vaters in mancher Hinsicht problematisch gewesen sein, sie wurde zum einen durch die gütige und verständnisvolle Art des Großvaters wieder ausgeglichen, und zum andern erkannte sie Jung-Stilling rückblickend als eine gnädige Fügung: »In dem göttlichen Plan war diese Führung erhaben und höchst notwendig, . . . ich fühle auch sehr wohl, was mein natürlicher Leichtsinn und meine Lebhaftigkeit aus mir gemacht haben würden, wenn ich nicht von der Wiege an so streng geführt worden wäre.«

Außerdem ist offenkundig, daß der kleine Johann Heinrich unter dieser Erziehung in höchstem Maße geistig gefördert wurde. Mit sieben Jahren kam der grundgescheite Bub in die Dorfschule von Grund. Der Lehrer faßte – vermutlich aufgrund von Unterlegenheitsgefühlen – einen tiefen Haß auf den begabten Schüler und reagierte seine Gefühle mit täglichen Schlägen an ihm ab. Diese Zeit charakterisierte Jung-Stilling später als einen »Ofen des

Die alte Schule in Lützel bei Hilchenbach, vgl. S. 20 unten

19

Elends«. Das letzte Grundschuljahr verbrachte er bei seinem Vater, der 1749 als Schulmeister nach Allenbach berufen wurde, aber bereits 1751 wieder nach Grund zurückkehrte, um dort den Schuldienst zu versehen. Die außerordentliche Begabung des Knaben war dem Ortspfarrer von Hilchenbach – Grund gehörte und gehört zum Kirchspiel Hilchenbach – Johann Seelbach (1687-1768) schon lange aufgefallen. Auf sein Drängen hin besuchte Jung-Stilling die Lateinschule in Hilchenbach von 1750 bis 1754, wo er in dem Präzeptor Weigel einen verständnisvollen und tüchtigen Lehrer erhielt, der ihn nach Kräften förderte. Jung-Stilling zeigte eine Neigung zum Beruf des Pfarrers. Dieser Wunsch war aber aus finanziellen Gründen unerfüllbar. Andererseits trug er die feste Überzeugung in sich, nicht zum Schneiderhandwerk seines Vaters geboren zu sein, wie schon sein Großvater gesagt hatte: »Der Junge hat einen unerhörten Kopf, etwas zu lernen; Gott hat diesen Kopf nicht umsonst gemacht . . . Wozu unser Herrgott einen Menschen schafft, dazu will er ihn brauchen.« Nachdem ein Theologiestudium utopisch blieb, richtete sich der Berufswunsch des Lateinschülers darauf, Schulmeister zu werden. Denn der »Trieb des Herzens« zog den Knaben immer wieder zum Lesen und Schreiben hin und ließ ihn bei den handwerklichen Tätigkeiten, zu denen er daheim herangezogen wurde, keine Befriedigung finden. Sein Wunsch ging in Erfüllung. Nach seiner Konfirmation wurde Jung-Stilling Dorfschulmeister in Lützel bei Hilchenbach (Mai bis November 1755). Als Schulmeister fühlte er sich in einem Beruf, der seiner Begabung und Neigung entsprach. Die Welt der Bildung beglückte ihn. Er lernte Literatur kennen, die seinen Horizont erweiterte und den Trieb seines Herzens nach Bildung und nach einem edlen Menschsein bestärkte. Er wohnte in dieser Zeit bei einem Förster und erwarb sich bei ihm zugleich Kenntnisse in der Forstwirtschaft. Aber er erfuhr auch Enttäuschungen in seiner beruflichen Wirksamkeit, er wurde verkannt und entlas-

Hof Huxholl in Himmelmert bei Plettenberg, vgl. S. 22 oben

sen und mußte zum väterlichen Handwerk zurückkehren. Bald darauf bekam er eine Hauslehrerstelle bei dem Eisenfabrikanten und Gutshofbesitzer Jost Henrich Stahlschmidt (1708-1784) auf dessen Hofgut Huxholl in Himmelmert bei Plettenberg. Aber dort trieb man seinen Spott mit ihm, der oft in Roheiten ausartete. Einmal sperrten ihn die Knechte in die Rauchkammer; mit Mühe rettete er sich vor dem Erstickungstod, besinnungslos fiel er auf der Diele zu Boden, und Stahlschmidt und seine Knechte lachten ihn aus. Das Schulehalten war ihm gründlich verdorben, und Jung-Stilling war heilfroh, daß er die Schule nach ein paar Monaten wieder verlassen konnte. Er kehrte zu seinem Vater zurück, der inzwischen wieder geheiratet hatte (1756: Margarete Jung verw. Klappert geb. Feldmann) und in Kredenbach wohnte. Dort half er in der Schneiderei und bei der Feldarbeit. Bald darauf erhielt er eine Anstellung als Lehrer in Kredenbach, was für ihn jedoch den Nachteil hatte, daß er nach der Schule zu Hause schwere Handarbeit verrichten mußte. So war er froh, als er ein Jahr später als Lehrer nach Dreis-Tiefenbach berufen wurde. Doch legte er dort sein Amt nach einer kleinen, verzeihlichen Torheit im Unterricht nieder, fand eine Schulstelle in Klarfeld, die er jedoch auch bald wieder niederlegen mußte, weil ihn der geistliche Inspektor wider alles Recht daraus verdrängte. Unruhig suchte Jung-Stilling seine »Bestimmung«: Lag sie im Handwerk oder im Lehrberuf oder anderswo? Er beschloß, sein Schicksal geduldig zu ertragen und sich der göttlichen Führung völlig zu überlassen. Ein lebenserfahrener, frommer Verwandter (Vetter Goebel in Hadamar) führte mit ihm ein klärendes Gespräch über seine Neigungen, seine Motive und seine Bestimmung. Er lehrte ihn, seine Leiden als Läuterungs-, und Bewährungsleiden zu verstehen und riet ihm, so lange am verordneten Platz zu bleiben, bis Gott selbst ihn eindeutig davon wegführen würde. So blieb er in seinem immer glückloser und unbefriedigender werdenden Beruf. Aber die Schulmeistertätigkeiten an sechs verschiedenen Orten und die vorübergehenden Aushilfen als Schneidergeselle boten ihm immerhin die Gelegenheit, sich mit dem Bergbau, den Eisenhäm-

Alte Schule in Kredenbach

mern und Eisenschmelzen der Region und auch weiterhin
mit der Landwirtschaft gründlich vertraut zu machen. Dies
sollte sich später als Gewinn herausstellen. Zunächst wirkte

der häufige Stellenwechsel deprimierend auf Jung-Stilling, und die Spannungen mit seinem Vater wuchsen, wenn er immer wieder bei ihm Unterschlupf suchte. Der Vater verlangte dann von seinem Sohn tüchtige Handarbeit, denn er hatte seinerseits große Mühe, seine neue, stetig wachsende Familie durchzubringen. Außerdem fürchtete er, sein Sohn werde ein Taugenichts, und nahm deswegen keine Rücksicht auf ihn. Jung-Stilling war den körperlichen Anforderungen der Landwirtschaft nicht gewachsen, und die Aushilfsarbeiten als Schneidergehilfe konnten ihn einfach nicht befriedigen. Der Konflikt zwischen Vater und Sohn erreichte im Herbst 1761 seinen Höhepunkt, als ihn der Vater in einem Anflug von Jähzorn packte und zu Boden werfen wollte. Aber Jung-Stilling hielt den Vater fest. Zutiefst aufgewühlt, rief er »ich möchte schreien, daß die Erdkugel an ihrer Achse bebte und die Sterne zitterten!« Er verzog sich in einen abgelegenen Winkel des Hauses und brach in Tränen aus. Von neuem suchte er Arbeit bei fremden Schneidern. Schließlich kam er während einer letzten Übergangszeit als Hauslehrer in Hilchenbach unter. Seine Hoffnung, im Frühjahr 1762 zum Rektor der Lateinschule in Hilchenbach berufen zu werden, schlug fehl. So erlebte er im Zeitraum von sieben Jahren (1755-1762) bei einem siebenfachen Anlauf ein siebenfaches berufliches Scheitern. Er konnte seine verzweifelte Lage nicht mehr aushalten und empfand jetzt deutlich die göttliche Weisung »Geh aus deinem Vaterland . . .!« Nach einem versöhnlichen, klärenden Gespräch mit dem Vater besuchte Jung-Stilling noch einmal die Gräber seiner Mutter und seines Großvaters auf dem Friedhof in Hilchenbach und machte sich reisefertig. Sein Wahlspruch, den er als Ertrag seiner bisherigen Lebensgeschichte mitnahm, lautete: »Der Herr wird's versehen!« (1. Mose 22,8)

2. Arbeit im Bergischen Land (1762-1770)

Am Ostermontag, den 12. April 1762, machte sich Jung-Stilling auf den Weg. Seine Absicht war, nach Holland zu wandern, um dort Kaufmannsgehilfe zu werden. Seine Wanderschaft führte ihn aus dem Siegerland in das Bergische Land, das zum Kurfürstentum Pfalz gehörte. Über Elberfeld und Gemarke, wo er sich jeweils vergeblich um eine Anstellung bemühte, erreichte er Solingen. Der dortige Stadtpfarrer Johann Justus Seelbach war der Sohn seines Gemeindepfarrers Seelbach in Hilchenbach. Jung-Stilling wandte sich an ihn. Seelbach wollte ihm gerne helfen. Er riet ihm, zum Schneiderhandwerk zurückzukehren, und vermittelte ihm sofort eine Stelle bei dem Schneidermeister Stöcker. Jetzt machte ihm das Schneiderhandwerk wieder Freude, und durch seine umgängliche Art wurde er beliebt, und durch seine Organistendienste an der Stadtkirche wurde er bekannt. Während der Zeit bei Meister Stöcker (Mitte April bis Mitte Juli 1762), wahrscheinlich am 11. Juli, hatte Jung-Stilling ein Erlebnis, das ihm zeitlebens in Erinnerung blieb: An einem Sonntagnachmittag ging er in der Stadt spazieren, die Sonne schien, und der Himmel war hier und da mit einzelnen Wolken bedeckt. »Von ungefähr blickte er in die Höhe und sah eine lichte Wolke über seinem Haupte hinziehen; mit diesem Anblick durchdrang eine unbekannte Kraft seine Seele, ihm wurde so innig wohl, er zitterte am ganzen Leib und konnte sich kaum enthalten, daß er nicht darniedersank; von dem Augenblick an fühlte er eine unüberwindliche Neigung, ganz für die Ehre Gottes und das Wohl seiner Mitmenschen zu leben und zu sterben; seine Liebe zum Vater der Menschen und zum göttlichen Erlöser, desgleichen zu allen Menschen, war in dem Augenblick so groß, daß er willig sein Leben aufgeopfert hätte, wenn's nötig gewesen wäre. Dabei fühlte er einen unwiderstehlichen Trieb, über seine Gedanken, Worte und Werke zu wachen, damit sie alle gottgeziemend, angenehm und nützlich sein möchten. Auf der Stelle machte er einen festen und unwiderruflichen Bund mit Gott, sich hinführo lediglich seiner Führung zu überlassen und keine eitlen Wünsche mehr zu hegen, sondern wenn es Gott gefallen würde, daß er lebenslang ein Handwerksmann bleiben sollte, willig und mit Freuden damit zufrieden zu sein.« Dieses Erweckungserlebnis bekräftigte seine bisher gewonnenen Grundüberzeugungen; es bewahrte ihn aber nicht davor, bald darauf über seinen alten Schwächen in neue Nöte zu geraten: »In Solingen fand ich Arbeit, Bewunderer und Freunde, und eben dieses war mein Unglück, jeder sagte mir laut, ich verdiente ein anderes Schicksal, und ich glaubte es selbst, daher schämte ich mich meines Handwerks, mein Stolz trieb mich immer an, einen nach meiner Meinung anständigeren Beruf zu suchen, und so geriet ich abermals wieder ins Unglück, und zwar in das allerschrecklichste, gegen welches meine vorige Lage ein Elysium gewesen war.« Er nahm die ihm angebotene Stelle eines Hauslehrers bei dem Fabrikanten Peter Hartcop auf der Bever bei Hückeswagen an (August 1762). Aber »dieser nebst seiner Frau waren hochmütige und ungefühlige Menschen; Geld und Familienverhältnisse waren ihnen Menschenwürde, alles übrige Bettelei; ich hingegen war äußerst arm ... Daher wurde ich äußerst verächtlich und als ein Landstreicher angesehen, alle meine Kenntnisse galten nichts, man schämte sich meiner, schloß alles, was Wert hatte, vor mir zu, und kaum wurde das vom Gesinde bemerkt, so fing das eine und das andere an zu naschen, auch wohl etwas zu veruntreuen, und dann wurde der Verdacht auf mich geschoben; dazu kam noch, daß man mich den ganzen Tag mit den Kindern einsperrte, so daß ich weder Menschen noch freie Luft genießen konnte. Jetzt kam mein Kummer auf die höchste Stufe, mein Körper zehrte so ab, daß nichts als Haut und Knochen an mir war, und Gottes Hand allein bewahrte mich, daß ich mir

Johann Engelbert Evertsen aus Barmen (1722–1807), Freund Tersteegens. (Zeichnung aus dem Jahr 1795); vgl. S. 28, 41, 46, 48, 173

nicht das Leben nahm.« Im März 1763 floh Jung-Stilling heimlich aus seinem »Fegefeuer«. Als er durch den Wald irrte und Hunger litt, besann er sich wieder auf sein Handwerk. Er gelangte in die Stadt Radevormwald, fragte nach einem Schneidermeister und fand bei Johannes Jakob Bekker Unterkunft, Kleidung und Brot. Meister Becker war ein frommer Mann und umgab Jung-Stilling mit freundschaftlichem Wohlwollen und väterlicher Güte. An ihn dachte Jung-Stilling später gerne zurück. In seiner »Lebensgeschichte« nennt er ihn »seinen besten Freund, den er je gehabt hatte«. Durch Meister Becker bekam Jung-Stilling Verbindung mit den pietistischen Kreisen des Bergischen Landes, in denen er sich wohlfühlte und Freunde gewann. Im Blick auf seinen Beruf war er fest entschlossen, solange Schneider zu bleiben, bis Gott ihm eindeutig eine andere Aufgabe zuteilen würde. »Seine Neigung zu den Wissenschaften blieb zwar noch immer, was sie war, doch ruhte sie unter der Asche, sie war ihm jetzt nicht zur Leidenschaft, und er ließ sie ruhen.«

Nachdem er zwölf Wochen bei Meister Becker gearbeitet hatte, verlangte ein reicher Kunde, Peter Johannes Flender aus Kräwinklerbrücke, Meister Becker möge mit seinem Gesellen zu Näharbeiten in sein Haus kommen. Dabei versuchte Flender, Jung-Stilling als Hauslehrer zu gewinnen. Jung-Stilling erinnerte sich an seine schlechten Erfahrungen mit diesem Beruf und wehrte ab. Flender aber ließ nicht locker. Nach langem Hin und Her, und erst als Meister Becker ihm zugeredet hatte, sagte Jung-Stilling zu, nahm schweren Herzens Abschied von Meister Becker, lernte in der Vorbereitung auf seine neue Stelle bei einem Privatlehrer in Gemarke in zwölf Wochen Französisch und trat am 28. September 1763 seinen Dienst bei Peter Johannes Flender an. Die Hauslehrerstelle bei dem wohlhabenden Handelsmann und Eisenfabrikanten, die ihn gleichzeitig mit Handelsgeschäften vertraut machte, brachte ihn »in sein Element«. In den sieben Jahren (Herbst 1763 bis Sommer 1770) bei Flender erwarb er sich gründliche Kenntnisse »in der Handlung, Fabrikenwesen und Ökonomie«. Flender übertrug Jung-Stilling nach und nach die

Verwaltung von drei Eisenhämmern und von einigen Landgütern. Zugleich betrieb Jung-Stilling in diesen Jahren aber auch eifrig Sprachstudien und philosophische Studien, beschäftigte sich mit Naturwissenschaften und zeitgenössischer Literatur, am liebsten mit politischen Romanen, und entdeckte in sich eine verborgene Neigung zu staatswissenschaftlichen Themen. Während ihm nun die autodidaktische wissenschaftliche Beschäftigung viel Gewinn, freilich auch bereits mancherlei Glaubensprobleme brachte, empfand er die überwiegend kaufmännische Beschäftigung allmählich doch wieder als seinem »Grundtrieb zuwider«. Zum Theologiestudium, zu dem ihn daraufhin ein Freund ermunterte, verspürte er nicht mehr die Neigung seiner Kindheit. Als ihm jedoch Flender im Frühjahr 1767 den Rat gab, bei passender Gelegenheit das Medizinstudium zu ergreifen, da schlug dieser Gedanke wie ein Blitz bei ihm ein. Nun meinte er mit Sicherheit, seine endgültige Bestimmung erkannt zu haben. Mit aller Kraft strebte er dem Medizinstudium zu und bereitete sich darauf vor. Im Frühjahr 1768 erhielt er außerdem von dem katholischen Pfarrer und Augenarzt Molitor in Attendorn durch Vermittlung seines Onkels Johann Jung ein Manuskript mit Anweisungen zur Heilung von Augenkrankheiten – ein Ereignis, das seinen Weg zur Medizin natürlich noch bestärkte. Unmittelbar darauf begann er seine augenärztliche Tätigkeit, die außergewöhnlich erfolgreich werden sollte. Aufgrund persönlicher Empfehlungen wurden viele Patienten in der Umgebung auf ihn aufmerksam, die er meistens am Wochenende besuchte.

So wurde Jung-Stilling im Herbst 1769 von dem Bandfabrikanten Peter Heider nach Ronsdorf gerufen, mit der Bitte, sich um das Augenleiden eines Nachbarkindes zu kümmern. Familie Heider nahm Jung-Stilling gastfreundlich auf, und er fühlte sich in der frommen Familie wohl, ja, es zog ihn immer wieder hin. Jeden zweiten Samstag kam er nun zu Augenkuren nach Ronsdorf und wohnte dann immer bei Familie Heider. Als im Februar 1770 das zehnte Kind der Familie geboren wurde, bot man Jung-Stilling die Patenschaft an. Am 11. Februar 1770 fand die Taufe statt. Christine, die zwanzigjährige älteste Tochter der Familie (geb. 2. September 1749) war so krank, daß sie an der Tauffeier nicht teilnehmen konnte. Peter Heider bat Jung-Stilling, den Laienarzt, einmal nach seiner Tochter zu schauen. Er begleitete ihn ins Zimmer der Kranken. Jung-Stilling setzte sich an ihr Bett, und sie unterhielten sich. Dann bat Christine ihren Vater um die Erlaubnis, daß Jung-Stilling zusammen mit ihrem älteren Bruder die Nachtwache hielte. Jung-Stilling war damit einverstanden. Alle drei unterhielten sich lange, um sich die Zeit zu vertreiben. Während Christines Bruder in der Nacht einmal in die Küche ging, um Kaffee zu bereiten, sprach Christine Jung-Stilling an: »Hören Sie, Herr Jung! Ich hab einen sehr lebhaften Eindruck in meinem Gemüt bekommen von einer Sache, die ich aber nicht sagen darf bis zu einer andern Zeit.« Blitzartig durchzuckte Jung-Stilling der Eindruck, hinter der Anspielung des Mädchens stünde der Wille Gottes, bückte sich mit Tränen in den Augen über ihr Bett und sagte: »Ich weiß es, liebe Jungfer, was Sie für einen Eindruck bekommen hat, und was der Wille Gottes ist«, schlug seine rechte Hand in die ihre und sprach: »Gott im Himmel segne uns! Wir sind auf ewig verbunden!« Sie antwortete: »Ja, wir sind's auf ewig!« Später wurde Jung-Stilling nicht müde, vor Verbindungen solcher Art eindringlich zu warnen. Er bekannte, daß er nach »schwärmerischen Grundsätzen« gehandelt, »die göttliche Ordnung« mißachtet und »weder nach den Vorschriften der Religion noch der gesunden Vernunft« die Verlobung vollzogen habe.

Die Eltern Heider waren, trotz aller Bedenken wegen Christines Gesundheit, und wegen der noch vor Jung-Stilling liegenden Studienzeit, mit der Verbindung einverstanden. Jung-Stilling kündigte bei Peter Johann Flender auf Michaeli (29. September) 1770. Als er erfuhr, daß ein der

Familie Heider bekannter Chirurg aus Elberfeld, Engelbert Troost, im Wintersemester 1770/71 in Straßburg sich weiterbilden wollte, entschloß er sich, mit ihm zu reisen und in Straßburg zu studieren. Von seinem Brautvater Peter Heider erhielt Jung-Stilling 100 Reichstaler, um sich für die Reise und das Studium das Notwendigste anzuschaffen. Am Abend vor der Abreise saß Jung-Stilling noch einmal mit Familie Heider zusammen. Sein Schwiegervater machte sich große Sorgen. Jung-Stilling tröstete ihn und sich: »Derjenige, der in der Wüste so viel tausend Menschen mit wenig Brot sättigen konnte, der lebt noch, dem übergebe ich mich. Er wird gewiß Rat schaffen. Sorgen Sie nur nicht, der Herr wird's versehen!«

3. Studium in Straßburg (1770-1772)

Am 28. August 1770 brachen der Chirurg Troost und der angehende Medizinstudent Jung in Elberfeld zur gemeinsamen Reise nach Straßburg auf. Jung-Stilling hatte 40 Gulden in der Tasche. Schon nach der ersten Wegstrecke bis Frankfurt am Main und einem elf Tage langen Aufenthalt in der Stadt schmolz sein Barvermögen bis auf einen einzigen Reichstaler zusammen. Voller Unruhe ging Jung-Stilling in der Stadt umher und betete innerlich zu Gott. Auf dem Römerberg traf er zufällig einen ihm bekannten Kaufmann aus Elberfeld, der sich freundlich nach seinem Ergehen erkundigte und ihn auf sein Zimmer zum Essen einlud. Dabei fragte der Kaufmann nach Jung-Stillings Vorsorge für das Studium. Dieser antwortete: »Ich hab einen reichen Vater im Himmel, der wird mich versorgen.« Der Kaufmann antwortete: »So! – Ich bin einer von Ihres

Die Straßburger Altstadt um das Münster

Vaters Rentmeistern, ich werde also jetzt einmal den Beutel ziehen« und gab ihm 33 Reichstaler, so daß ihm fürs erste geholfen war. Über Mannheim und Speyer ging die Reise der zwei Gefährten mit der Kutsche weiter bis Straßburg, wo sie am 16. September ankamen. Nachdem sie ein Nachtquartier gefunden hatten, zog es Jung-Stilling mit Macht zum Münster, das er von außen und innen bestaunte. Am folgenden Tag ließen sich die beiden Reisegefährten immatrikulieren, und aufgrund der guten Beziehungen und Kenntnisse, die Herr Troost schon früher in Straßburg gesammelt hatte, fanden sie auch bald ein Dauerquartier bei einem Kaufmann namens Reichard, der verwandtschaftliche Beziehungen nach Elberfeld hatte und sie deshalb gerne aufnahm. Und bei den Jungfern Lauth in der Knoblochgasse fanden sie einen guten täglichen Mittagstisch.

Hier trafen sie auf eine Tischgesellschaft von ungefähr 20 Personen, in welcher der 21jährige Jurastudent Johann Wolfgang Goethe tonangebend war. Jung-Stilling bemerkte die geistige Überlegenheit dieser Gesellschaft und hielt sich zurück. Bald fingen die ebenso munteren wie mutwilligen Tischgesellen an, sich über Jung-Stillings fromme Gesinnung lustig zu machen. Goethe verwies ihnen aber ihren Spott und sagte: »Probier erst einen Menschen, ob er des Spotts wert sei! Es ist teufelmäßig, einen rechtschaffenen Mann, der keinen beleidigt hat, zum besten zu haben!« Von dieser Zeit an nahm Goethe sich Jung-Stillings an, schloß Freundschaft mit ihm und bemühte sich bei vielen Gelegenheiten, ihm beizustehen. Natürlich unterhielten sie sich auch über Literatur, wobei Goethe Jung-Stilling mit den englischen Klassikern bekannt machte. Jung-Stilling wurde Mitglied in der »Gesellschaft der schönen Wissenschaften« und trug dort die Erlebnisse seiner Kindheit und Jugendzeit vor. Auf Goethes Veranlassung hin schrieb er sie nieder. Durch Goethe lernte Jung-Stilling auch Johann Gottfried Herder (1744-1803) kennen, der sich da-

Johann Wolfgang Goethe (1749–1832), (Gemälde von J. Raabe); vgl. S. 33, 42, 202f

mals wegen eines augenchirurgischen Eingriffs in Straßburg aufhielt. Jung-Stilling schaute bewundernd zu Herder
auf und verstand sich mit ihm noch besser als mit Goethe.
Herder gab Jung-Stilling einen »Umriß von allem in einem«, beeinflußte also sein Weltbild und, wie man seinen

frühen Schriften abspürt, auch sein Bibelverständnis maßgeblich.

In jener Tischgesellschaft waren jedoch die Freigeister in der Mehrzahl. Jeden Tag hörte Jung-Stilling neue Gründe gegen die Bibel und den christlichen Glauben mit Überzeugungskraft vorgetragen: »Ich wurde in die schönen Wissenschaften hineingerissen, ich wurde angefeuert, dies und jenes zu schreiben, mit einem Wort: ich wurde durch die sonderbare Freundschaft großer Männer gleichsam als wie durch einen Strom fortgerissen; ich las die besten Originaldichter und Schriftsteller Englands und Deutschlands und bekam bald meinen Anteil an Geschmack, Beurteilungskraft und Ton der großen Welt. Durch diese und dergleichen Mittel wurde mir auch der Zustand der Freigeisterei, des Religionszweifels, des Deismus und der Religion selber offenbar; ich stutzte, las, dachte, las wieder, bald dieses, bald jenes; ich wurde irre an meinem Glauben; ich war von Jugend auf in der praktischen wahren Gottseligkeit erzogen; ich war unter Gebet und Tränen meines frommen Vaters erzogen; alles dieses setzte mich zu gewissen Zeiten in eine wunderbare Fassung. Und wenn die ewige Liebe Gottes in Christo mich nicht durch ganz sonderbare Wege geführt hätte, wenn ich nicht aus der Hand Gottes alle meine Bedürfnisse hätte holen müssen und also täglich brünstig zu beten genötigt gewesen wäre, so wäre ich gescheitert . . .« Mit Argumenten kam Jung-Stilling dagegen nicht an. Seine Jugendfrömmigkeit erlitt einen Schock: »O wie ruhig hatte ich bis dahin gelebt! – Ich wußte von keinem Zweifel, und was ich von Jugend auf in der Bibel und von meinem Vater und Großeltern gelernt hatte, das war mir ebenso gewiß wahr, als daß zweimal zwei vier ist; nun aber hatte sich der finstere fatale Determinismus (= die Lehre von der Vorbestimmtheit alles Geschehens, die keinen Raum läßt für Gottes unmittelbares Eingreifen in das Leben des Menschen und der Welt) wie ein starker Gewappneter in meine Seele gelagert, der sagte jetzt zu allem, was ich bisher geglaubt hatte; nein! – Und ich konnte ihn nicht widerlegen – d.h. ich konnte ihn nicht hinauskämpfen. Denn alle meine bisherigen Führungen und alles, was mir bisher so überzeugend für mein Herz gewesen war und wobei sich auch meine Vernunft beruhigt hatte, dabei beruhigte sie sich nun nicht mehr; denn sie glaubte nun das Gegenteil von dem, was ich bisher für wahr gehalten hatte, beweisen zu können.«

Lediglich sein Leben »aus der Hand Gottes«, also seine Gebetserhörungen und Gottes persönliche Führung und Versorgung, auf die er ständig unmittelbar angewiesen war, bewahrten ihn vor dem Zusammenbruch seines Glaubens. Einmal fehlte ihm das Geld für die Kolleggebühren. Er hätte sein Studium nicht abschließen können, alle bisherigen Mühen wären umsonst gewesen, und die Hoffnung, ein tüchtiger Arzt zu werden, wäre zusammengebrochen. Eine Stunde, bevor er das Geld hätte zahlen müssen, warf er sich auf seine Knie und flehte um Gottes Erbarmen. Da klopfte der Hausbesitzer zufällig an die Zimmertür, führte ein freundschaftliches Gespräch mit ihm, fragte ihn dabei auch nach seiner finanziellen Situation und half ihm aus der Not. Sobald Herr Reichard das Zimmer verlassen hatte, kniete Jung-Stilling nieder, dankte Gott unter Tränen und »warf sich aufs neue in seine väterlichen Arme«. Solche und ähnliche wunderbaren Erfahrungen mit der väterlichen Fürsorge Gottes durfte Jung-Stilling während seiner Straßburger Studienzeit in so reichlichem Maße sammeln, daß sein Vertrauen auf Gott immer wieder neu bestätigt wurde.

Im Mai 1771 rief die Nachricht von der schweren Erkrankung seiner Braut Jung-Stilling vorübergehend nach Hause. Am 17. Juni 1771 ließ er sich mit Christine an ihrem Krankenbett trauen. Später erklärte Jung-Stilling kurz und bündig: »Diese ganze Heirat war weiter nichts als die Folge einer frommen Schwärmerei ... Ich heiratete das gute fromme, aber irrende Mädchen auf ihrem Krankenbett bloß aus Pflicht; Liebe hatte ich nicht zu ihr, sondern ich glaubte, Gott fordere dieses Opfer von mir, ich gewann sie aber doch herzlich lieb und hab sie während ihrer langen Kränklichkeit bis in ihren Tod treulich verpflegt.« Zwei befreundete Ärzte aus Elberfeld, die der Trauung beiwohnten, schlugen Jung-Stilling vor, sich nach seiner Ausbildung in Elberfeld niederzulassen, und besorgten ihm dort eine Wohnung.

Als es seiner jungen Frau wieder besser ging, reiste er zurück nach Straßburg und machte sich mit neuem Schwung an die Arbeit. Neben seinen medizinischen Studien beschäftigte sich Jung-Stilling in Straßburg auch mit Technik und Naturforschung – so konstruierte er z.B. ein Vermessungsgerät, dessen Herstellung sich allerdings bis Frühjahr 1773 hinauszögerte – und außerdem mit philosophischen und naturphilosophischen Studien. Sein »unersättlicher Hunger nach Erkenntnis der ersten Urkräfte der Natur« lenkte ihn auf die Geheimwissenschaften. Er war innerlich unruhig, unstet, suchend, offen nach allen Seiten und zugleich außerordentlich begeisterungsfähig für alles, was seine Fragen zu beantworten schien. Die Ergebnisse seiner naturphilosophischen Studien trug er zusammen und entwarf das Konzept einer »Philosophie der uralten Weisen« – eine Vorarbeit für seinen späteren handschriftlichen »Theosophischen Versuch vom Wesen Gottes und dem Ursprung aller Dinge« (1776) und seiner schließlich als Buch veröffentlichten »Blicke in die Geheimnisse der Naturweisheit« (1787). Sein Versuch, ein »Bunyans-Buch«, eine Schilderung des christlichen Glaubensweges in Anlehnung an John Bunyans »Pilgerreise«, zu schreiben, mißlang ihm jedoch bezeichnenderweise. Jung-Stilling brachte mit erstaunlichem Fleiß und einer grandiosen Leistungsfähigkeit trotz aller Vielfalt seiner Studien das Medizinstudium zügig zum Ziel, indem er im Winter 1771/72 eine Dissertation über die Stahlfabrikation im Siegerland mit dem Titel »Specimen de historia Martis Nassovico-Siegenensis«

verfaßte und schließlich am 23. oder 24. März 1772 mit der öffentlichen Disputation sein Studium beendete. »Nun war seine Seele lauter Dank gegen den, der ihn aus dem Staube hervorgezogen und zu einem Beruf geholfen hatte, worinnen er, seinem Trieb gemäß, Gott zu Ehren und dem Nächsten zu Nutzen leben und sterben konnte.« Auf der Heimreise überreichte er seine Dissertation am kurfürstlichen Hof in Mannheim und wurde zum korrespondierenden Mitglied der pfälzischen Akademie der Wissenschaften ernannt. Mit der bevorstehenden Niederlassung als praktischer Arzt und der Gründung eines eigenen Hausstandes sah Jung-Stilling das Ziel seiner Bestimmung vor sich.

4. Arzt in Elberfeld (1772-1778)

Mit »Träumen einer seligen Zukunft«, voll freudiger Erwartung eines »groß und weit umfassenden Wirkungskreises«, in dem er »seinem Trieb gemäß, Gott zu Ehren und dem Nächsten zu Nutzen leben« könnte, und zugleich in

Alte reformierte Kirche in Elberfeld

der Zuversicht, bald seine Schulden abtragen zu können, kam Jung-Stilling mit seiner Frau Christine am 1. Mai 1772 in Elberfeld an, um seine Arztpraxis zu eröffnen. Zu diesem Zeitpunkt war er seinem Schwiegervater 1.500 Reichstaler schuldig, die er ihm für seine Studienzeit in Straßburg geliehen hatte. Bei der Haushaltsgründung in Elberfeld hatte Jung-Stilling lediglich 5 Reichstaler in seiner Haushaltskasse. Die reichen Kaufleute Elberfelds, welche nach Jung-Stillings Eindruck »die Gelehrten nur nach dem Verhältnis ihres Geldvorrats« beurteilten, bemerkten die miserable wirtschaftliche Verfassung des Dr. med. Heinrich Jung sofort; sie behandelten ihn geringschätzig und mieden seine Praxis. Aber auch »seine pietistischen Freunde, die ihn ehemals als einen Engel Gottes empfingen, ihn mit den wärmsten Küssen und Segenswünschen umarmten, blieben jetzt von ferne stehen, bückten sich bloß und waren kalt«, mißtrauten ihm und verließen ihn. Jung-Stilling beurteilte die allgemein vorherrschende Gesinnung in Elberfeld als »ein steifes Anhangen ans Religionssystem, und wer im geringsten anders denkt, ... der ist Anathema Maranatha«. Diese Abneigung gegen ihn bekam er noch schmerzhafter zu verspüren, »besonders bei den Pietisten«, als seine Freundschaft mit den Brüdern Jacobi und seine Freundschaft mit Goethe bekannt wurden.

Bei Friedrich Heinrich Jacobi (1743-1819) hatte Jung-Stilling im Herbst 1773 Zuflucht gefunden, als er wegen boshafter Unterstellungen vor das Medizinalkollegium nach Düsseldorf vorgeladen und dort feindselig behandelt worden war. Jacobi stand Jung-Stilling nicht nur in dieser konkreten Notlage bei, sondern ermutigte und förderte ihn auch in seiner schriftstellerischen Arbeit. Sie verstanden sich gut: »Die Herzen flossen ineinander über« – und das, obwohl Jung-Stilling deutlich den Eindruck hatte, daß Jacobi »an seinem Glauben gescheitert und ein förmlicher Geist« geworden sei, wenn auch »kein Spötter, kein Verächter Jesu, sondern nur bloß ein Zweifler aus Grundsät-

Johann Gerhard Hasen-
kamp (1736–1777),
vgl. S. 42

zen«! Diese Freundschaft hinterließ bei den Pietisten Elberfelds den Eindruck, Jung-Stilling sei ein »Freigeist« geworden. Jung-Stilling versuchte, sich damit zu entschuldigen,
daß er die Freundschaft wohl pflegen könne, »ohne in den
Religionsgrundsätzen mit ihm übereinzustimmen«.
Gleichzeitig griff er seine Kritiker an und bezeichnete sie
als »Pharisäer«, ja sogar als »Schandflecke der Nachahmer
Jesu«, womit er die Angriffe der Pietisten gegen ihn nicht
nur parierte, sondern übertrumpfte. Hieran wird deutlich:
Jung-Stillings Auffassungen entsprachen zwar nicht völlig
den religiösen Vorstellungen Jacobis, sie entsprachen aber
auch nicht mehr denen der Pietisten. Sein Weg war ein anderer geworden, er versuchte einen »Mittelweg« zwischen
Pietismus und Aufklärung. Darüber verlor er die Freundschaft der Pietisten sehr bald, die Freundschaft Jacobis aber
allmählich auch.

Am Freitag, den 22. Juli 1774, kam es in Elberfeld im
Hause von Anton Philipp Caspari in der Kipdorfstraße zu

der berühmten Zusammenkunft einiger bedeutender Persönlichkeiten des geistigen Lebens der damaligen Zeit: Johann Wolfgang Goethe, Johann Kaspar Lavater, Johann Gerhard Hasenkamp, Samuel Collenbusch, die Brüder Friedrich Heinrich und Georg Jacobi, Johann Heinrich Jung-Stilling, Jakob Wilhelm Heinse, daneben Lavaters Zeichner Georg Friedrich Schmoll, der alte Orgelbauer und Tersteegenanhänger Jakob Engelbert Teschenmacher sowie ein junger Kaufmann namens Georg Friedrich Grohe. Durch diese Zusammenkunft gewann Jung-Stilling einige für ihn wichtige Verbindungen. Und dadurch, daß Goethe das Manuskript von Jung-Stillings erstem Teil der Lebensgeschichte mitnahm, bearbeitete und publizierte, wurde hier auch der Grundstein für Jung-Stillings schriftstellerische Laufbahn gelegt. Eine Verbesserung seines Rufes in Elberfeld dürfte ihm diese Zusammenkunft aber nicht gebracht haben.

Seine Mitgliedschaft in der »geschlossenen Lesegesellschaft« in Elberfeld vermehrte die Mißgunst nur noch. Jung-Stilling wurde in Elberfeld regelrecht »verhaßt«. Die »Verachtung« und »Lästerung« seiner Person erreichten im Herbst 1777 den »höchsten Gipfel der Bosheit«: »Von allen Seiten« wurde er teils mitleidig, teils verachtungsvoll geradezu als geistesgestört verschrieen und gemieden. Er fühlte sich in dieser Zeit wie ein »Wanderer«, »der in der Nacht durch einen Wald voller Räuber und reißender Tiere reist«. Sein Leben in Elberfeld erschien ihm unter diesen Umständen schier unerträglich. Zudem verschlimmerte sich seine wirtschaftliche Situation und entwickelte sich zu einem »schrecklichen Gewitter«, das sich über seinem Haupt zusammenzog. Seine Schuldenlast wuchs von Mai 1772 bis Januar 1778 auf 3.000 Reichstaler an. Das brachte »immerwährende Nahrungssorgen« mit sich: »Mit jedem Erwachen des Morgens fiel ihm die Frage wie ein Zentner schwer aufs Herz, wirst du auch diesen Tag dein Auskommen finden?« Seine Schwiegereltern begannen angesichts

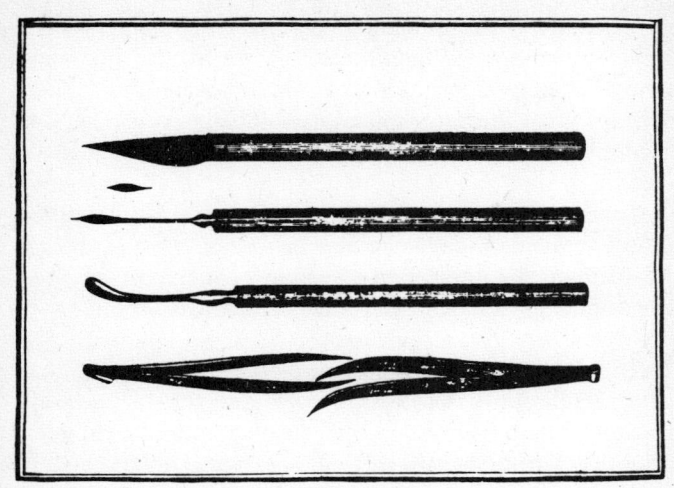

Kupfertafeln aus Jung-Stillings »Methode den grauen Star auszuziehen und zu heilen« (1791): Staroperationsbesteck

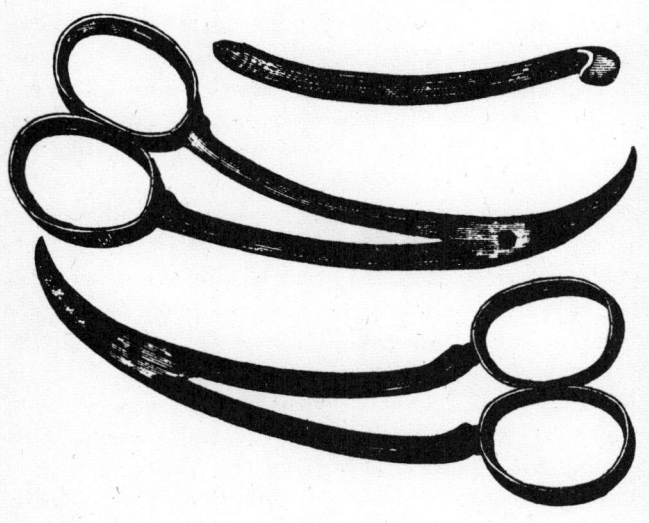

seiner Zahlungsunfähigkeit »zu verzagen« und gegen ihn »kalt zu werden«. Unterdessen zermürbten ihn seine »häuslichen Leiden« infolge fortdauernder Kränklichkeit seiner Frau. Oft mußte er um ihr Leben bangen. Aber das Schlimmste war für ihn die Tatsache, daß sein Ansehen als Arzt von Jahr zu Jahr abnahm. Bei vornehmen und wohlhabenden Personen versagte seine ärztliche Kunst merkwürdigerweise. Wo er aber im allgemeinen erfolgreich war, bei armen Patienten, hatte er keinen oder nur geringen Verdienst, ja oftmals sogar noch Verlust, weil er die erforderlichen Arzneimittel für sie auf eigene Kosten anfertigen ließ.

Im Frühjahr 1773 hatte Jung-Stilling seine erste Staroperation vorgenommen, und zwar an einer starblinden Frau, die ihn beschwörend angefleht hatte, ihr zu helfen. Während seines Studiums in Straßburg hatte Jung-Stilling zwar die Kataraktoperation erlernt und besaß seither ein Operationsbesteck; doch hatte er anfänglich eine unüberwindliche Abneigung gegen alle Operationen am menschlichen Körper. Doch der Erfolg dieser ersten Operation brachte ihm Mut und anderen Vertrauen. Es kamen jetzt viele Blinde zu ihm, und nur selten mißlang ihm ein Eingriff. Die meisten Patienten waren arm, von ihnen verlangte er kein Honorar, so daß dieses neue Betätigungsfeld keine finanzielle Sicherung seiner Existenz in Elberfeld bedeutete. Später führte er alle Operationen grundsätzlich kostenlos durch und nahm von wohlhabenden Patienten nur freiwillige Honorare entgegen.

Doch obwohl Jung-Stilling auf diesem zweiten Gebiet seines medizinischen Wirkens meistens Erfolg hatte, mißlang ihm, zur Schadenfreude seiner Gegner, gerade die Staroperation eines prominenten Patienten. So nahm sein Elend kein Ende, und sein medizinischer Beruf begann ihm grundsätzlich fragwürdig zu werden. »Der gemeine Haufen aber, vornehmer und geringer Pöbel, spotteten ohne Ende; das wußt ich wohl, hieß es, der Mensch hat ja nichts

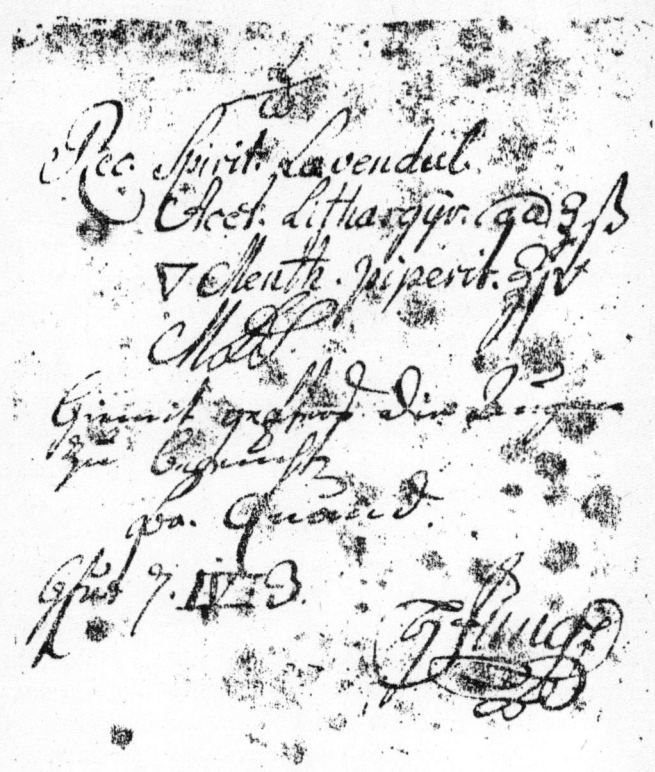

Ein von Jung-Stilling geschriebenes Rezept zur Behandlung einer Augenerkrankung

gelernt, und doch will er immer oben raus, es ist dem Windbeutel ganz recht, daß er so auf die Nase fällt usw.« Sein berufliches Elend vergrößerte sich noch zusätzlich infolge der Ungunst der meisten seiner Kollegen in Elberfeld. Man betrachtete Jung-Stilling schließlich nicht nur als »schlechten Arzt«, sondern sogar »für einen erklärten Lump, der ganz verdorben wäre«. So sah sich Jung-Stilling schließlich »am Rande des Abgrunds« stehen.

Wie konnte es dazu kommen, daß Jung-Stillings medizinisches Wirken trotz des gründlichen Medizinstudiums in Straßburg so wenig erfolgreich war? Gewiß, da waren gravierende Ursachen vorhanden: seine Ablehnung durch die Pietisten, die Distanz der Kaufleute, die Gegnerschaft der Kollegen. Aber waren es nur böse Vorurteile, Konkurrenzkampf, Kollegenneid, wenn einige Ärzte in Elberfeld den Kollegen Jung in den Verdacht der Scharlatanerie brachten, oder vermuteten sie therapeutische Prinzipien bei ihm, die diesen Verdacht weckten? Warum hielt man ihn in der Öffentlichkeit für einen »Ignoranten«? Mangelte es nicht doch an seiner fachlichen Qualifikation? Haben ihn nicht doch seine naturphilosophischen, spekulativen Studien, die er in Straßburg begonnen hatte und in Elberfeld konsequent weiterführte, auf die falsche Fährte gebracht?

Je größer sein ärztlicher Mißerfolg in Elberfeld wurde, desto intensiver gab er sich diesen naturphilosophischen und theosophischen Studien hin. Aber als seine Hoffnung zusammenbrach und er auf diesem Wege keine brauchbaren Ergebnisse für seine medizinische Tätigkeit fand, verzweifelte er an seiner Eignung und an seiner Bestimmung zum Arzt.

Und die Kritik der Pietisten nahm zu. Sie »sahen ihn als einen Mann an, der auf beiden Schultern trägt, der weder kalt noch warm ist«.

Und sein geistliches Leben war in der Tat bedroht in jener Zeit. Während er mit Christine noch vor der Heirat »so voller Inbrunst und Eifer von Gott und göttlichen Dingen« hatte reden können, war es jetzt damit vorbei. Er nahm sich fest vor, »einen ordentlichen Hausgottesdienst zu beobachten«, das geschah auch etwa vier Wochen lang nach der Hochzeit, dann unterblieb es aber allmählich, »der Eifer erkaltete, und beide redeten eine ganze Woche nichts vom Christentum«. Die »freiere Überzeugung« Jung-Stillings hatte also die beiden auch zu einer freieren Lebensge-

Die Schleuder

eines

Hirtenknaben

gegen den

hohnsprechenden Philister

den Verfasser

des

Sebaldus Nothanker

von

Johann Heinrich Jung,

Doktor der Arzneygelehrtheit in Elberfeld.

Frankfurt am Mayn
bey den Eichenbergischen Erben
1775.

Jung-Stillings erste Schrift gegen Friedrich Nicolai, vgl. S. 48

staltung geführt, die sie aber nicht glücklich werden ließ. »Oft stellten beide in der Stille eine Prüfung darüber an und untersuchten, wo doch der Fehler stecken möchte, allein sie konnten ihn nicht auffinden.« Jung-Stilling spürte also einen Fehler an seiner Haltung und an seiner Lebensgestaltung in jener Zeit, er erkannte ihn aber noch nicht. Seine Trennung von den pietistischen Versammlungen war von seiner Seite her durch den »Mittelweg« bedingt. Die Haltung, die sich Jung-Stilling in den Studienjahren gebildet hatte, vertiefte und verfestigte sich in Elberfeld. Indem er diesen Weg beschritt, sah sich selbst im Kontrast zu seinen Gegnern zur Rechten und zur Linken als wahren Christen. An dem überkommenen Glaubensgut wollte er unbedingt festhalten; aber er legte es sich anders zurecht. Er setzte den Schwerpunkt des Glaubens auf die Wohltätigkeit und war sich darin mit den Aufklärungstheologen einig. Die religiöse Motivation zur Wohltätigkeit wollte er bewahren. Darum führte er auch in den Jahren 1775 und 1776 in mehreren Schriften einen literarischen Kampf gegen Friedrich Nicolais (1733-1811) »Sebaldus Nothanker«. Als ein »Mann voller Religion« kämpfte er für die Religion gegen den Rationalismus und insofern auch für die von Nicolai lächerlich gemachten Pietisten. Aber weil er sich inzwischen als einen »Mann voller Religion ohne Pietismus« verstand und verhielt, kämpfte er nicht mehr für den Pietismus als solchen. Nur so ist es zu verstehen, daß die Elberfelder Pietisten ihn trotz seiner religiös-apologetischen Schriften nicht als einen der Ihren ansehen konnten, denn sie erlebten sein religiöses Verhalten direkt und deuteten seine Schriften von daher. Mit seinem Roman »Die Geschichte des Herrn von Morgenthau« – der dann freilich erst in der Kaiserslauterer Zeit veröffentlicht wurde (1779) – wollte er den Verdacht der Pietisten endgültig »auslöschen«. Man hatte bei ihm »Grundsätze finden wollen, die dem System der reformierten Kirchen schnurgerade widersprächen«, man erklärte ihn »für einen Mann, der keine Religion habe«, daher wollte er darlegen, daß seine Grundsätze, wie er meinte, sehr wohl dem System der reformierten Kirche entsprachen, und er wollte zeigen, daß er den wahren christlichen Glauben richtig vertrat. Daß nun aber seine seit der Straßburger Zeit gebildete theologische Überzeugung in einigen wesentlichen Punkten tatsächlich der Heiligen Schrift und dem Bekenntnis widersprach, bemerkte er noch nicht.

Jung-Stilling hielt es in Elberfeld nicht mehr aus. In der größten Not seines Herzens schrieb er Anfang 1778 einen Brief an den Regierungsrat Medicus in Mannheim, »worinnen er ihm seine ganze Lage entdeckte«. Medicus war Direktor der Kameralschule in Kaiserslautern. Mit ihm war Jung-Stilling als korrespondierendes Mitglied der »Physikalisch-ökonomischen Gesellschaft« seit 1776 verbunden. Medicus, völlig überrascht von den Nachrichten über die ausweglose Situation des von ihm geschätzten Jung-Stilling, schlug ihm in seinem Antwortschreiben vor, »einen Lehrstuhl der Landwirtschaft, Technologie, Handlung und Vieharzneikunde, auf der neu gestifteten Kameral-Akademie« zu Kaiserslautern anzunehmen, womit ein festes Gehalt verbunden war. Medicus hielt Jung-Stilling aufgrund seiner regelmäßigen Beiträge in den »Bemerkungen der Kurpfälzischen physikalisch-ökonomischen Gesellschaft« für kompetent und war davon überzeugt, den Kurfürsten für seine Berufung zum Professor gewinnen zu können.

Das Antwortschreiben von Hofrat Medicus scheint Jung-Stillings geheimste Wünsche noch übertroffen zu haben. Er nahm es wie eine göttliche Berufung auf und geriet darüber geradezu in Ekstase: »Wie wenn nun dem Wanderer . . . da wo der Weg vor ihm ausgeht, links eine Tür geöffnet würde, durch welche er einen Ausweg in blühende Gefilde fände, und in der Ferne vor sich eine glänzende Wohnung, eine Heimat sähe, die für ihn bestimmt wäre! – . . . gerade so war jetzt Stilling zumute; er saß wie betäubt

... der Glanz des Lichts hatte ihn geblendet, er schaute nun mit starren Augen durch die geöffnete Tür in die glänzende Zukunft, und beobachtete, sah – und sah seine ganze Bestimmung ... so versank Stilling vor Gott und stammelte unaussprechliche Worte ... er faßte unüberwindlichen Mut und hoffte, wo nicht zu hoffen war.« Jung-Stilling sah jetzt nicht nur seine wahre berufliche »Bestimmung« vor sich, sondern er überblickte zugleich auch schon das Gebiet seiner zukünftigen Lehrtätigkeit: »Zugleich stand das ganze System der Staatswirtschaft deutlich und sonnenhell vor meinen Augen.« (...) »Und all sofort faßte ich auch den unwiderruflichen Entschluß, meine ganze Lebenszeit auf diesen Zweck mit allen meinen Kräften zu verwenden.« Dieser Bericht Jung-Stillings über das Erlebnis seiner Berufung enthält offensichtliche Parallelen zu biblischen Berufungsgeschichten. Er sah sich von Gott selbst zum Professor ausersehen und betrachtete die erwartete Lehrtätigkeit als »Gottesdienst«. Begeistert beschreibt er die Schau des »Ganzen der Kameralwissenschaften«, die ihm damals zuteil wurde: »Ich ... fand eine solche idealische Schönheit, Wahrheit und Güte in diesem ganzen Anblick, ein so herrliches Bild, ein Lehrgebäude, einen Zusammenhang des Einzelnen und des Ganzen, daß ich glaubte: es könne sich keine Wissenschaft in der Welt, außer der Mathematik, eines solchen herrlichen Planes rühmen. Diese unvergleichliche Schönheit betrachtete ich mit geizigen Blicken, um alles an ihr zu entdecken, was zum Wesen ihres Charakters gehörte, und so drückte sich dies Bild tief meiner Seele ein.« Er meinte später, dieses »Bild« lediglich aus seiner Erinnerung zu holen, genau zu betrachten und »kopieren« zu müssen, um seine Lehrtätigkeit durchzuführen.

Seine Vorfreude wurde ihm zwar noch einmal genommen, als er in der ersten Septemberwoche 1778 einen Brief von Medicus erhielt, der die ganze Angelegenheit wieder rückgängig zu machen drohte, da die Kameralschule wider alle Erwartung von Kaiserslautern nach Mannheim verlegt werden sollte, wo andere Gelehrte eine Art Anrecht auf den für Jung-Stilling vorgesehenen Lehrstuhl hatten.

Doch ebenso plötzlich wendete sich das Blatt wieder zum Guten. Der Plan der Verlegung zerschlug sich, und Jung-Stilling erhielt (um den 21. September 1778) seine offizielle Berufung nach Kaiserslautern tatsächlich.

5. Professor und Schriftsteller in Kaiserslautern (1778-1784)

Es war für Jung-Stilling wie eine Erlösung, Elberfeld nach den »schrecklichen sieben Jahren« verlassen zu dürfen. Am 25. Oktober 1778 kam er voller Erwartung glücklicher Zeiten mit seiner Frau und seinen zwei Kindern Hanna und Jakob in Kaiserslautern an. Am Stadttor wurde die junge Familie von Jung-Stillings Kollegen Ludwig Benjamin Schmid und dessen Frau empfangen. Überall in der Stadt wurde die neue Professorenfamilie freundlich aufgenommen. Es war der Familie Jung, im Kontrast zu der feindseligen Stimmung in Elberfeld, das reinste Labsal.

Die Kameralhochschule in Kaiserslautern war in ihrem Aufbau und ihrem Lehrprogramm eine sehr fortschrittliche Institution, deren Modellcharakter in ganz Deutschland Anerkennung fand. Hier wurden die Vorlesungen bereits in deutscher Sprache gehalten, während an den meisten Universitäten noch in lateinischer Sprache unterrichtet wurde.

In seinem neuen Beruf, in dem er von nun an in der Tat 25 Jahre lang wirken sollte, fühlte sich Jung-Stilling ganz in seinem Element. Er empfand eine »innere Beruhigung und einen Frieden«, wie er ihn bisher noch nie erfahren hatte, und war überzeugt: »Dazu und zu nichts anderem war ich geboren, eher konnte ich nicht zu meiner Bestimmung gelangen, bis ich in diesem Fach war.« Mit ganzer Kraft stürzte er sich in seine berufliche Arbeit. Er wollte die in ihn gesetzten Erwartungen vollauf erfüllen. Aber seine eigene Zielsetzung ging darüber noch weit hinaus. Er wollte mit seiner Arbeit »Menschen beglücken«, »Volksbeglücker bilden« und Entscheidendes leisten beim Aufbau eines idealen christlichen Staatswesens. Dabei sah er sich an einem geradezu heilsgeschichtlichen Prozeß beteiligt. So überhöhte er seine kameralistische Lehrtätigkeit ins Religiöse zu einem priesterlichen Handeln im Heiligtum Gottes. Dies belegen seine öffentlichen Vorträge aus dieser Zeit sowie seine in dichter Folge erscheinenden Lehrbücher zur Genüge.[2] Er wurde nicht müde, immer wieder neu zu betonen, der »Hauptzweck« seines Lebens, dem er »sein Herz und alle seine Kräfte weiht«, sei die Fürstenbeglückkung und die Volksbeglückung. Noch der »Wunsch seines letzten Odemzuges« sei das Glück des Fürsten – in diesem Fall des Kurfürsten Carl Theodor, dessen despotische, übrigens auch antiprotestantische Politik er blindlings in hymnischer Sprache pries.

So verwundert es nicht, daß Jung-Stilling in diesen Jahren zwischen wissenschaftlichen Erkenntnissen und biblischer Wahrheit nicht klar unterschied. Er hoffte vielmehr, daß durch fleißige wissenschaftliche Forschung »eine unversiegbare Quelle wahrer Glückseligkeit« erschlossen und »die Sonne der Wahrheit« vollkommen hervorbrechen werde, so daß es endlich heller Tag auf dieser Welt werden und die allgemeine Glückseligkeit ihren Einzug halten könne. Ganz folgerichtig beschrieb Jung-Stilling den treuen Staatsbürger, der gewissenhaft seine berufliche Arbeit verrichtet und darin nach Vollkommenheit strebt, als den, der das Eine tut, das not ist. Überraschenderweise begegnen wir hier dem Begriff, der später das Denken Jung-Stillings in völlig anderer Weise bestimmen wird: »das Eine, das not ist« nach Lukas 10,42. Die Leidenschaft, mit der Jung-Stilling damals von der Kameralistik sprach und mit der er andere dazu ermunterte, gleicht der eines feurigen Erweckungspredigers – nur daß es sich hier nicht um eine geistliche Bewegung handelte, sondern um einen weltlichen, politischen und wirtschaftlichen Aufbruch! Jung-Stilling »brannte vor Verlangen, sein System so weit auszufüllen, als ihm in seiner Sphäre möglich war; und da die bekannten Lehrbücher nicht in seinen Plan paßten, so nahm er sich vor, über alle seine Wissenschaften selbst Kompendien zu schreiben«. Er wollte »ins Weite und Große« gehen. So empfand er sein Lehramt zunächst als »höchst gesegnet«.

Doch im Gegensatz zu seinen hohen Erwartungen wurde seine Lage in Kaiserslautern dann sogar noch schwieriger als je zuvor. Anstatt »blühendes Gefilde« zu durchwandern, sah er sich vielmehr in eine »trockene dürre Wüste« gestoßen.

Die Staatswirtschaftliche Gesellschaft von Kaiserslautern, die tragende Körperschaft der Kameralhochschule, hatte Jung-Stilling ein Nebenamt übertragen: die Verwaltung des Musterhofes Siegelbach, das ein Modell vorbildlicher Landwirtschaft abgeben sollte, aber völlig heruntergewirtschaftet war. Allzu rasch war Jung-Stilling davon überzeugt, dieser Aufgabe gewachsen zu sein. Um das verwahrloste Landgut zum Mustergut zu machen, mußte er es zunächst von der Schuldenlast befreien. Da er nun seinen ganzen Ehrgeiz in diese Unternehmung setzte, glaubte er, mit einem privaten Kredit, den er freilich selber erst aufnehmen mußte, einspringen zu sollen. Zu spät bemerkte er, daß das leichtsinnig war. So brauten sich bald neue drohende Wolken über seinem Haupt zusammen: »Mit der Siegelbacher Gutsverwaltung ging es schief, alles schlug fehl.« Jung-Stilling mußte die Verwaltung des Gutes wieder abgeben und kam nur mit Schulden davon. Unterdessen drückte ihn auch seine alte Elberfelder Schuldenlast weiterhin. Von seinem Schwiegervater erhielt er die quälendsten Briefe – aus verständlichen Gründen: Jung-Stilling konnte kaum die Zinsen seiner Schulden bezahlen. Seinem Schwiegervater wurde als dem Bürgen sogar mit der Zwangsvollstreckung gedroht. Jung-Stilling wußte weder aus noch ein.

Zu seinen wirtschaftlichen Nöten kamen in Kaiserslautern neue persönliche Anfeindungen hinzu, die ihn tief trafen. Zwei Neider taten sich dabei hervor, denen er in seiner beruflichen Stellung im Wege war. Ihre Intrigen wurden durch den katholischen Stadtschultheißen gedeckt, dem die einseitige Besetzung der Lehrstühle an der Hochschule mit evangelischen Professoren ein Dorn im Auge war. Die Intriganten schickten eine Anzeige an den kurfürstlichen Hof nach München, Jung-Stilling habe an – polizeilich verbotenen – pietistischen Versammlungen teilgenommen. Das war nachweislich nicht der Fall. Dennoch drohte ihm der Stadtschultheiß mit Verhaftung. Nur durch einen glücklichen Zufall wurde er davor bewahrt. Die beiden evangelischen Pfarrer der Stadt hielten in dieser Zeit treulich zu ihm und trösteten ihn. Er selbst suchte Trost in der stillen Einsamkeit der Wälder um Kaiserslautern. Dort erging er sich in seinem »Stillingstal« und seinem »Christinental«. In dem »Tempel der heiligen Natur«, suchte er den »Allgegenwärtigen«. Im Rauschen des Waldes vermeinte er dessen leise, tröstende Stimme zu vernehmen. Hinter den Sträuchern erblickte er mit den Augen der Phantasie seine Schutzengel.

Aber so empfindungsreich diese seine Naturerlebnisse auch gewesen sein mögen, sie änderten an den Schwierigkeiten seines Alltags nichts, und auf den biblischen Weg zum wahren Trost der Seele brachten sie ihn nicht zurück. Es ist merkwürdig: Jung-Stilling erlebte es nun bereits zum zweiten Mal, wie er von der höchsten Erwartung in die tiefste Enttäuschung stürzte. So wie er sich am Beginn seiner Elberfelder Jahre ideale Vorstellungen von seiner Zukunft gemacht hatte, dann aber völlig gegensätzliche Erfahrungen hatte beklagen müssen, so erlebte er es jetzt in Kaiserslautern von neuem. Während er sich aber dort in Elberfeld seiner Berufung zum Arzt allmählich immer unsicherer geworden war und sein Glaube, am Ziel seines Weges zu sein, immer mehr dem Eindruck eines Läuterungsleidens gewichen war, hielt er hier in Kaiserslautern allen äußeren Rückschlägen, seelischen Erschütterungen und religiösen Anfechtungen zum Trotz an der Überzeugung fest, am Ziel seiner gottgewollten Bestimmung angelangt zu sein.

In geistlich-theologischer Hinsicht setzte Jung-Stilling

in dieser Zeit den in Straßburg begonnenen und in Elberfeld verfolgten »Mittelweg« fromm-aufklärerischer Gesinnung fort. Pietistische Versammlungen mied er und hielt sie unter geistlichen und politischen Aspekten für schädlich. Um ja jeden Pietismusverdacht von sich fern zu halten, nahm er in Kaiserslautern an geselligen Versammlungen teil, die in Stil und Geist der herrschenden Geschmacksrichtung entsprachen. Und wenn ihn trotzdem jemand mit eben jenem Pietismus in Verbindung bringen wollte, mit dem er sich doch keineswegs mehr identifizieren konnte, traf ihn das aufs empfindlichste; dann reagierte er aggressiv. Daraus erhellt, daß Jung-Stilling auf seinem »Mittelweg« nicht zur Ruhe gekommen war; daß seine innere Verbindung zum Pietismus noch immer vorhanden war, daß er sie aber gleichzeitig ablehnte. Er befand sich also in einer Art Gärungsprozeß. Sein »Mittelweg«, wie selbstbewußt er ihn auch verfolgte, entsprach keiner ausgereiften, fundierten Position, sondern einem unsicheren Zwischenzustand. Es mußte sich erst noch herausstellen, in welche Richtung ihn sein Weg endgültig führen sollte.

Inmitten aller Belastungen beschäftigten ihn in diesen Jahren auch ständig – und meist gleichzeitig – verschiedene literarische Arbeiten erzählender und wissenschaftlicher Art: Bereits 1779, als sein erstes kameralistisches Lehrbuch, der »Versuch einer Grundlehre sämtlicher Kameralwissenschaften« gedruckt wurde, ließ er auch seinen ersten Roman erscheinen, »Die Geschichte des Herrn von Morgenthau«, mit dem er jenen in Elberfeld gegen ihn erhobenen Vorwurf, er sei jemand, »der keine Religion habe«, widerlegen wollte. Den Held des Romans zeichnete er als einen Mann, der auf der einen Seite über die Orthodoxie und den Pietismus, auf der anderen Seite aber über die modernen religiös-theologischen Bewegungen weit erhaben war. Jung-Stilling zeichnete hier die vermeintlich ideale Mitte zwischen dem, was er als bewährte christliche Frömmigkeit ansah, und dem, was er als positiven Ertrag

Versuch

einer

Grundlehre

sämmtlicher

Kameralwissenschaften

zum Gebrauche

der Vorlesungen auf der Kurpfälzischen
Kameral Hohenschule zu Lautern

von

Dr. Johann Heinrich Jung,

öffentlichen ordentlichen Lehrer der Landwirth=
schaft, Kunstwirthschaft, Handlungswirth=
schaft und Vieharzneikunde; auch Mitglied
der Kurfürstlichen physikalisch ökonomi=
schen Gesellschaft daselbst.

Lautern,
im Verlage der Gesellschaft
1779.

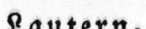

Jung-Stillings erstes kameralistisches Lehrbuch

der Aufklärung anerkannte: er idealisierte seinen eigenen Mittelweg.[3]

In den Jahren 1780-1783 verfaßte er seinen zweiten Roman, »Die Geschichte Florentins von Fahlendorn«. Mit ihm wollte er seinen Lesern die Gesetzmäßigkeiten der Vorsehung und der Führung Gottes im Leben der Menschen vor Augen führen.[4] Die Grundkonzeption der »Geschichte Florentins von Fahlendorn« war insofern dieselbe wie die der ersten Teile seiner Autobiographie, als es ihm hier wie dort um die Stationen eines von Gott ausgelösten und gelenkten Prozesses ging, der den Menschen aus Umständen, die seiner Bestimmung entgegenstehen, heraus- und in Verhältnisse, die seiner wahren Bestimmung entsprechen, hineinführt. Hier wie dort handelte es sich um Gottes Weg mit dem einzelnen Glaubenden. Das elementare Verlangen nach Verwirklichung seines »Triebes«, nicht etwa die Sehnsucht nach dem ewigen Heil ist die Motivation zum Aufbruch des Helden. Der Impuls wird innerlich empfunden, nicht von außen empfangen. Gottes Weg führt den Helden nicht aus der Gottesferne in die Nähe Gottes, sondern die Gottesnähe ist dem Helden schöpfungsmäßig mitgegeben, wie ihm auch seine Berufung, ja selbst die Christusähnlichkeit, im Schöpfungshandeln Gottes beigelegt wurde. Diese Anlagen müssen also lediglich geweckt, gepflegt, entfaltet, gereinigt und geläutert werden. Die Notwendigkeit einer geistlichen Wiedergeburt entfällt. Die Kirche und ihr Dienst erscheinen, wenn überhaupt, dann am Rande des Geschehens; für den im Zentrum des Interesses stehenden Weg des Menschen zu seiner göttlichen Bestimmung haben sie keine Bedeutung. Der Mensch als Geschöpf erkennt Gott, seinen Schöpfer; er kann ihn auch in der Natur finden. Mit Gott geht man »vertraulich« und »frei« um »wie mit einem Freund«. Das Gottesverhältnis ist stark geprägt von der Naturverbundenheit und von der Ethik. Es ist eine Gottesbeziehung, die sich ohne bewußten Bezug auf Christus bildet. Die menschliche Gerechtigkeit trägt hier die Züge einer fromm-bürgerlichen Wohlanständigkeit. Der subjektiv-menschliche Leidenskampf stützt sich auf eine objektiv-göttliche Tatsache, die in der persönlich empfundenen und von anderen Menschen bestätigten göttlichen Bestimmung gesehen wird. Es sind also nicht die außerhalb des Menschen ruhenden Heilstatsachen, sondern die persönlichen Erfahrungen mit dem fürsorglichen Handeln Gottes, die den Helden bestimmen. Seine starke Abhängigkeit vom Applaus der Mitmenschen wird von dem eminent subjektiven Charakter seiner religiösen Überzeugung her verständlich. Die Religiosität des Helden lebt gewissermaßen vom ersten Artikel des apostolischen Glaubensbekenntnisses. Sein Entwicklungsgang entscheidet sich an der Befolgung des Willens Gottes, der in einem bestimmten seelischen Empfinden (Trieb, Neigung, Lust, Traurigkeit) erfaßt wird. Das Glück und der Wohlstand des Helden vermehren sich in dem Maße, in dem er seiner Bestimmung näherkommt. Gottes Weg mit dem Menschen ist also der Weg zu dessen eigenem und zu seiner Mitmenschen Wohl: das ist die beherrschende Tendenz dieses Romans. Sein Ziel ist das Wohl, nicht das Heil des Menschen. Wer tugendhaft lebt und das Wohl seiner Mitmenschen vermehrt, dem wird die himmlische Belohnung zugesichert. In Anbetracht dieser Sicht Jung-Stillings von dem gottgewollten Lebensgang des Menschen muß man von einer Säkularisierung christlicher Glaubensinhalte sprechen, die Jung-Stilling in seinem Roman »Florentin« vorgenommen hat. In jener Zeit hielt er diesen Roman für eines seiner »besten Werke«.

In den Jahren 1782-1783 erschien auch bereits Jung-Stillings dritter Roman, »Lebensgeschichte der Theodore von der Linden«.[5]

In einem Rückblick auf seine Geschichte als »Lehrer der Staatswirtschaftlichen Wissenschaften« (1788) berichtet Jung-Stilling davon, daß er in Kaiserslautern auf seine Kollegen und seine ganze Umgebung den Eindruck eines »politischen Menschen« gemacht habe, »vor dem man sich in acht zu nehmen habe«. Die Ursache für diesen Eindruck erfahren wir von Jung-Stilling nicht. Was mag sie gewesen sein? Sein ›politischer‹ Beruf war es nicht; denn dieselbe öffentliche Tätigkeit übten seine ihn so kritisch betrachtenden Kollegen ebenfalls aus. Besonders ausgeprägte gesellschaftliche Kontakte Jung-Stillings zu den am kurpfälzischen Hof bestimmenden ›Politikern‹, welche auf Jung-Stilling rückwirkend den Schatten eines »politischen Menschen« hätten werfen können, waren ebenso wenig vorhanden. So verbleibt eigentlich nur die Annahme, daß man in Kaiserslautern aufgrund seines Verhaltens und seiner Äußerungen in der Öffentlichkeit und aufgrund seiner Publikationen zu dem Schluß kam, Jung-Stillings Absichten seien, bei aller Betonung der Frömmigkeit, letztlich doch auf dem Gebiet des Politischen zu suchen. Der Roman »Leben der Theodore von der Linden« war dazu angetan, bei den Zeitgenossen diesen Eindruck zu wecken oder zu vertiefen. Jung-Stilling stattete auch diesen dritten Roman mit denselben Grundgedanken aus wie seine ersten beiden Romane – die Führung des menschlichen Lebens durch Gott, seine Entwicklung zur »Bestimmung«, der »Hauptzweck« des Lebens im Einsatz für das »gemeine Beste« in einem christlichen Staatswesen. Das zeigt im Blick auf Jung-Stillings innere Einstellung in diesen Jahren: Er hatte keine anderen Themen. Das Spezifikum des Theodore-Romans liegt in der präziseren und ausführlicheren Gestaltung von Jung-Stillings Hauptanliegen, dem Aufbau eines idealen Staatswesens. Am Ende des Romans ist der Himmel auf Erden erreicht: die höchstmögliche, vollkommene Staatsform mit dem bestmöglichen Fürsten, den fähigsten Beamten, mit einer optimalen Politik, einer vollkommen harmonischen Wirtschaft und dem glücklichsten Volk. Christliche Religion, richtig verstanden, zielte für Jung-Stilling in diesen Jahren auf die Tugend des einzelnen und auf das Wohl der gesamten Gesellschaft; sie war nach seiner Sicht durch pädagogisches Handeln zu vermitteln und im Dienst für den Staat zu verwirklichen. Von erwecklicher Schriftstellerei, wie sie Jung-Stilling später pflegte und förderte, war er zu diesem Zeitpunkt noch weit, weit entfernt.

Außer den drei genannten Romanen veröffentlichte Jung-Stilling in den Kaiserslauterer Jahren weitere Lehrbücher, eine größere Anzahl von Erzählungen und wissenschaftlichen Aufsätzen sowie eine Monatsschrift »Der Volkslehrer«, die mit ihrem Gesamtumfang von nahezu 3000 Seiten die umfangreichste Schrift Jung-Stillings überhaupt darstellt.[6]

In dem »Volkslehrer« verfolgte Jung-Stilling, wie in allen seinen Schriften jener Jahre, sein Hauptanliegen: die Menschenverbesserung durch Hebung der Moral und des Sachverstands seiner Leser. Zugleich versuchte er darin, die an der Hochschule in Kaiserslautern und später in Heidelberg gelehrte Kameralwissenschaft dem »gemeinen Mann« in einer ihn ansprechenden publizistischen Gestalt und in einer ihm verständlichen Sprache zugänglich zu machen, um ihn damit in das Programm der allgemeinen Weltverbesserung einzubeziehen. Im »Volkslehrer« kamen aber nicht nur die moralischen und die kameralistischen Anliegen, sondern auch die sie tragenden religiös-theologischen Überzeugungen Jung-Stillings zu Wort. Den von der Aufklärung geprägten Zeitschriften-Typus der moralischen Periodika fand Jung-Stilling vor, und er schloß sich ihm weitgehend an. Dabei gab er seiner Monatsschrift durchaus individuelle Züge, etwa durch die besondere Betonung des religiösen Elements oder durch den Einschub persönlicher Erlebnisse in seine Erzählungen. Doch handelt es sich dabei nur um punktuelle Unterschiede bei gleicher Zielrichtung: »Lebe tugendhaft, arbeite fleißig, spare und sei wahrhaftig und verständig, so wirst du glücklich sein in diesem und selig in jenem Leben!« Gewiß, Jung-Stillings »Volkslehrer« enthielt manchen praktischen Ratschlag zur Erhöhung des Wohlstands der Landbevölkerung und zur Verbesserung der Volksgesundheit, unterhaltende Elemente wie selbstgedichtete Rätsel, und dazu eine fortlaufende moralisierende Nacherzählung der biblischen Geschichte. Aber der »Volkslehrer« steht weit entfernt von der pietistischen Erbauungsliteratur und von der damals aufkommenden Zeitschriften-Literatur der Erweckung.

Während die Basler »Sammlungen für Liebhaber christlicher Wahrheit und Gottseligkeit« (1786 ff), die er kannte, ihren Kern in der Reich-Gottes-Theologie hatten und die Versöhnung des Menschen durch das Blut Christi in den Vordergrund stellten und auf die Bekehrung und Wiedergeburt, also auf die Rettung des Menschen abzielten, suchte Jung-Stillings »Volkslehrer« die Moral zu heben und den Sachverstand zu vermehren. Bei einem Vergleich beider Zeitschriften finden sich zwar formale, aber keine inhaltlichen Parallelen, geschweige denn Identität des Inhalts. Jung-Stilling hatte also noch einen weiten Weg zurückzulegen, bis er zum Schriftsteller der Erweckungsbewegung wurde.

Während dieser Zeit angestrengten literarischen Schaffens wurde Jung-Stilling in tiefes familiäres Leid hineingeführt. Seit Mitte August 1781 war seine Frau vom Tode gezeichnet. Jung-Stilling litt, als hätte er selbst sterben müssen. Er kämpfte um ihr Leben, medizinisch und geistlich. Aber am 18. Oktober starb seine Frau »nach einer neun Wochen langen Lungensucht an der Auszehrung«, nachdem sie ihre Krankheit gläubig und geduldig, von Jung-Stillings frommem Kollegen Schmid seelsorgerlich begleitet, getragen hatte. Seine zwei Kinder gab Jung-Stilling in eine Pension nach Zweibrücken. Die anschließende Einsamkeit in seiner Wohnung und die Herbststimmung der Natur machten ihn schwermütig. Mitte November 1781 zog ein junges Ehepaar zu ihm, das Anschluß an ihn suchte und ihm gleichzeitig aus der Einsamkeit helfen wollte. Als das Paar gegen Frühjahr 1782 wieder ausziehen sollte und man ihm in seinem Freundeskreis die Wiederverheiratung empfahl, bemühte er sich dreimal vergeblich um eine neue Lebensgefährtin. Diese Bemühung wurde durch eine »Aufklärung« über die Bedeutung seiner Ehe mit Christine gefördert, die ihm um diese Zeit zuteil wurde. Den Weg in diese »kreuz- und leidensvolle Ehe« sah er jetzt endgültig als Schwärmerei an, die Ehe selbst aber als ein ihm von Gott zugedachtes Läuterungsmittel, das seine nächste Lebensperiode vorbereiten sollte.

Bald nach dem Tod seiner Frau bekam Jung-Stilling in Kaiserslautern den Besuch eines Mitglieds des Freimaurerordens. Der Freimaurer ließ Jung-Stilling wissen, daß er seine Lebensgeschichte und seine religiöse Gesinnung kannte. Er machte deutlich, daß ihn die Überzeugung davon, daß Jung-Stilling inzwischen den »Mittelweg« gefunden hatte, zu ihm führte. Der Freimaurer wies darauf hin, daß mit dieser Einstellung die Grundlage für die Aufnahme in den Freimaurerorden und damit wiederum für einen »sehr großen Wirkungskreis, Gutes zu tun und ein sorgenfreies Auskommen« gegeben sei. In einem anschließenden Gespräch unterhielten sich die beiden über den religiösen »Mittelweg« und fanden vollkommene Übereinstimmung. Danach stand der Aufnahme Jung-Stillings in den Orden kein Hindernis mehr im Wege. Jung-Stilling wurde über den »wahren eigentlichen Freimaurerorden« informiert. Dabei wurde ihm bestätigt, dieser Orden habe »keinen anderen Zweck, als sich selbst zum besten Menschen zu bilden, seinen eigenen Verstand so sehr zu vervollkommnen, als möglich ist, um sich dadurch zum Dienst Gottes und der Menschheit immer geschickter zu machen; und dies Letztere ist's eigentlich, wohin alles zielt«. Der Zweck der wahren Freimaurerei bestehe also in zwei Idealen: »Selbstvervollkommnung« und »Wohltätigkeit«. Jung-Stilling fühlte sich stark angesprochen; denn das waren ja seine Ideale! Seine letzten Bedenken gegen den Orden wurden zerstreut, als er erfuhr, daß die Regeln des Freimaurerordens an keiner Stelle mit der Staatsverfassung und mit der Religion in Konflikt geraten würden. So trat er in den Orden ein. Aber bereits nach 1784 kam Jung-Stilling schon wieder aus der Verbindung, als auch die gewöhnlichen Freimaurer in der Pfalz ihre Arbeit niederlegten, nachdem Kurfürst Carl Theodor den Illuminatenorden verboten hatte. Doch pflegte Jung-Stilling in den unmittelbar nachfolgenden Jahren noch Freundschaft mit Freimaurern, wie in Heidelberg mit dem Freiherrn von Knigge oder in Marburg mit Karl Kröber, dem Hofmeister der jungen Grafen von Stolberg. Spätere Ausführungen Jung-Stillings machen allerdings deutlich, daß er den freimaurerischen Gesellschaften gegenüber immer kritischer wurde und sich von ihnen fernhielt. Den Illuminatismus bezeichnete er schließlich 1796 sogar als »antichristliche Macht«. Einige Ideale und Vorstellungen des »ehemals so ehrwürdigen Freimaurerordens« hielt er im Prinzip dagegen auch nach seiner geistlichen Wende aufrecht, als er sich zur »Gegenanstalt« gegen antichristliche Ordensumtriebe einen Orden wünschte, »der nur Jesum Christum und sein Reich zum Ziele hat«. Jung-Stillings Hinneigung zum Freimaurerorden, seine Mitgliedschaft, die Distanz und schließlich der Wunsch einer »Gegenanstalt« spiegeln in mancher Hinsicht die geistliche und theologische Entwicklung Jung-Stillings von der frommen Aufklärung zur Erweckung.

Noch war Jung-Stilling in Kaiserslautern auf der Suche nach einer neuen Lebensgefährtin. Die damals vielgelesene, mit Jung-Stilling bekannte Dichterin Sophie von La Roche, die so gerne Ehen vermittelte, war es, die Jung-Stilling schließlich auf ihre Freundin Maria Salome (genannt Selma) von St. George aufmerksam machte. Am 25. Juni 1782 traf er Selma zum ersten Mal und erhielt sofort ihr Jawort, ohne ihr allerdings etwas von seiner bedrückenden finanziellen Verschuldung zu sagen, zu der er sich erst nachträglich bekennen mochte. Selma hielt dennoch zu ihm. Am 14. August 1782 fand in Kreuznach die Trauung statt. Selma übernahm im neuen Hausstand die Kasse, »und er sah bald den glückseligen Erfolg, nun machte Selma auch den Plan zur Schuldentilgung, Stillings langwierige und schwere Leiden hatten ein Ende« – zumindest empfand er es damals noch so. Die beiden Kinder aus erster Ehe durften bald nach Hause zurückkehren, vom Vater und von der Stiefmutter liebevoll umsorgt. Das erste Kind aus der zweiten Ehe, Carl Christoph Henrich, wurde am 23. Juli 1783 geboren, das zweite, Christiane Louise Sophie Wilhelmina, am 6. August 1784. Freundschaftliche Beziehungen pflegte Jung-Stilling in jener Zeit u.a. zur Reichsgräfin Marianne von der Leyen in Blieskastel, zu dem Dichter Konrad Pfeffel in Kolmar, zu Inspektor Daniel Ludwig Wundt in Kreuznach, der ihn traute, und zu den beiden evangelischen Pfarrern in Kaiserslautern, Friedrich Peter Wundt (reform.) und Franz Heinrich Schneider (luth.). Die freundschaftliche Beziehung gerade zu den beiden Stadtpfarrern, Vertretern der frommen Aufklärung, die als außerordentliche Professoren zugleich Jung-Stillings Kollegen an der Hochschule waren, blieb ungetrübt, während sich das Verhältnis zu seinem Kollegen Ludwig Benjamin Schmid immer mehr abkühlte und sich schließlich ganz löste.[7]

Ludwig Benjamin Schmid war 1737 als Sohn des Pfarrers Friedrich Benjamin Schmid in Unteröwisheim bei Bruchsal geboren. Nach seiner Schulbildung in Denkendorf und Maulbronn hatte er in Tübingen Theologie studiert. Nach Abschluß seiner Studien und kurzem Vikarsdienst bei seinem Vater erwarb er sich auf weiten Bildungsreisen und als fürstlicher Hauslehrer gründliche Allgemeinkenntnisse. 1775 übernahm er die Professur für praktische Kameralwissenschaften an der Kameralschule (später Kameral Hohe Schule) in Kaiserslautern und später in Heidelberg. Von 1786 bis zum Jahre 1792 wirkte er als Professor für Kameralwissenschaften und als Prediger in der Militärakademie (Karlsschule) in Stuttgart.

In Kaiserslautern pflegte Ludwig Benjamin Schmid treuen Umgang mit den wenigen Erweckten; ja, er war offensichtlich ihr Haupt. Schmid stand nachweislich seit 1781 mit der Deutschen Christentumsgesellschaft in Basel in Verbindung, die im ganzen deutschsprachigen Raum Pionierarbeit für die Erweckungsbewegung leistete. Zusammen mit seiner Frau trat Schmid am 13. Dezember 1781 der Christentumsgesellschaft als Mitglied bei. Die Briefe, die Ludwig Benjamin Schmid an Johannes Schäufelin, den Sekretär der Christentumsgesellschaft in Basel, richtete, zeigen ihn als einen Mann, der vom Pietismus geprägt war und sich sehr früh den Anliegen der beginnenden Erweckungsbewegung zuwandte. Er rechnete sich zu den Menschen, »welche [sich] das Verderben in der Kirche zu Herzen nehmen«, zum »Samen« des sich ausbreitenden Reiches Gottes, zur Schar derer, »die in dem Blute und der Kraft Christi« leben wollen und »Seine Erscheinung lieb haben«. Mit seinem Beitritt wollte er »für die Ehre und das Reich unseres Heilands« das Seine tun. Dies war in Kaiserslautern geradezu gefährlich. Schmid schrieb nach Basel: »Wenn mit Vorwissen und Beifall ihrer Seelsorger nur zuweilen etliche an einem Sonntag zusammenkommen, so sind sie bereits bedroht und daher in Gefahr, von der weltlichen Obrigkeit mit Gewalt verstört zu werden.« Aber er wagte es. In dieser »Stunde des falschen Propheten, des Unglaubens und der Prüfung«, in der »Gottes Wort so teuer ist«, brannte ihm das Werk des Herrn auf der Seele. Darum lag es ihm am Herzen, auch weitere Mitglieder für die Christentumsgesellschaft zu werben.

So wie er als akademischer Lehrer aus seinem Glauben keinen Hehl machte und wie er sich – im Unterschied zur bisherigen Haltung seines Kollegen Jung-Stilling – entschieden für die Vorrangigkeit der geistlichen vor allen weltlichen Belangen einsetzte und sich furchtlos gegen die intolerante Religionspolitik Carl Theodors wandte, so trat er auch – einsam – mutig in Vorlesungen und Veröffentlichungen für das Recht und die Notwendigkeit von privaten Erbauungsstunden ein. Er vertrat öffentlich die Überzeugung, daß die Erbauungsstunden, wenn sie dem zuständigen Pfarrer mitgeteilt und von ihm beaufsichtigt werden, nicht nur geduldet, sondern vielmehr geschützt und gefördert werden sollten, weil die hier geübte Vertiefung im Glauben nicht nur für die einzelnen Teilnehmer, sondern auch für Kirche und Staat insgesamt ein großer Segen sei.

Gegen Ende der Kaiserslauterer Jahre war die sich schon länger anbahnende innere Distanz zwischen Schmid und Jung-Stilling nicht mehr zu verbergen. Die Frage nach den Ursachen für die tiefe Entfremdung zwischen den beiden Kollegen drängt sich auf. Jeder der beiden Professoren hatte zwar eine andere kameralistische Konzeption, aber eine geistlich fundierte Freundschaft hätte Spannungen dieser Art aushalten müssen. Die Ursachen für die Entfremdung lagen im geistlichen Bereich. Schmid versuchte, dem von seiner Seite her sorgfältig aufgebauten Kontakt zu Jung-Stilling zu nutzen, um mit ihm über geistliche Themen zu sprechen und ihn dabei auch auf das Stichwort »Erbauungsstunde« zu lenken. Dazu bediente er sich einer entsprechenden Schrift von Philipp Matthäus Hahn, die er Jung-Stilling zur Lektüre überließ. Damit gab er gleichzeitig den Anstoß zu einer Korrespondenz Jung-Stillings mit dem berühmten schwäbischen Pfarrer. Hahn unterstützte Schmids Bemühungen um Jung-Stilling und dessen Mitarbeit bei erwecklichen Aktivitäten. Aber auch Hahns Ermunterung verfehlte ihren Zweck. Schmid überließ Jung-Stilling schließlich die Schriften der Basler Christentumsgesellschaft zur Lektüre. Am liebsten wäre Schmid zusammen mit Jung-Stilling der Christentumsgesellschaft beigetreten. Aber Jung-Stilling entzog sich ihm. Schmids Anliegen waren zu diesem Zeitpunkt Jung-Stillings »Haupt-

Philipp Matthäus Hahn (1739–1790), Vgl. S. 67

Titelblätter der ersten zwei Teile von Jung-Stillings Autobiographie ▶

Henrich Stillings
Jugend.

Eine

wahrhafte Geschichte.

Berlin und Leipzig,
bey George Jacob Decker.
1 7 7 9.

Henrich Stillings
Jünglings - Jahre.

Eine wahrhafte Geschichte.

Berlin und Leipzig,
bey George Jacob Decker.
1 7 7 8.

zweck« noch zuwider. Vor allem aber hegte er, der sich einmal selbst in solchen Kreisen bewegt hatte, inzwischen sogar grundsätzliche Vorbehalte gegen Erbauungskreise. Die Tatsache, daß es Jung-Stilling trotz intensiver Bemühungen seines Freundes Schmid nicht über sich brachte, seine Bedenken gegen die Christentumsgesellschaft zu überwinden, um ihr beizutreten oder wenigstens mit ihr in Verbindung zu treten und sie zu unterstützen, ja daß er sich nicht einmal dem Kreis der Erweckten in Kaiserslautern anschloß und sich sowohl dadurch als auch durch Äußerungen in seinen Romanen immer deutlicher von seinem Freund Ludwig Benjamin Schmid distanzierte, wirft auf Jung-Stillings Haltung in diesen Jahren ein bezeichnendes Licht. Während den Kameralisten und Theologen Schmid das eine, große Anliegen umtrieb, Werkzeug »für das Reich unseres Heilandes« zu werden, waren es bei dem Kameralisten Jung-Stilling noch »vielerlei Anliegen«, die ihn daran hinderten, jenes Eine, das not ist, klar zu erkennen und zu verfolgen. Damals suchte er noch in allem das »Mittel« zu halten.

Seit jener denkwürdigen Tafelrunde am Nachmittag des 22. Juli 1774 im Haus des Kaufmanns Caspari in Elberfeld bestand auch eine persönliche Bekanntschaft zwischen Jung-Stilling und dem berühmten Züricher Theologen Johann Caspar Lavater.[8] Jung-Stilling versuchte, daraus eine Brieffreundschaft aufzubauen, die aber nur schleppend zustande kam. Lavater reagierte zurückhaltend. Zwar errang der erste Teil von Jung-Stillings »Lebensgeschichte« Lavaters volles Lob, und als Jung-Stilling ihm aus Kaiserslautern unter dem Siegel der Verschwiegenheit brieflich seine verzweifelte wirtschaftliche Lage schilderte (Brief vom 29. April 1780), tröstete ihn Lavater und ermahnte ihn zum anhaltenden Gebet zu Gott und zum Verzicht auf das Klagen vor den Menschen. Aber an den anderen Schriften und manchen Verhaltensweisen Jung-Stillings übte Lavater Kritik. Den Roman »Morgenthau«, den ihm Jung-Stilling zugesandt hatte, legte er ungelesen zur Seite, und Jung-Stillings Einladung zur Subskription des »Volkslehrers« lehnte er ab. Anfang 1782 brach Lavater den Briefkontakt sogar trotz aller weiterer Bemühungen Jung-Stillings ab. Erst 1794 – unter anderen Vorzeichen – sollte die Verbindung wieder aufleben; danach blieb sie fest bis zu Lavaters Tod (1801).

Jung-Stillings Situation in Kaiserslautern wurde immer bedrückender. Böse Gerüchte und Neider begleiteten ihn andauernd. In beruflicher Hinsicht sah er sich immer ungünstiger werdenden Umständen gegenüber, die seinen Wirkungskreis stark einschränkten. Er fand sich unverstanden und trotz seiner rastlosen Tätigkeit für das Allgemeinwohl weder in seiner unmittelbaren Umgebung anerkannt noch am Hofe gebührend beachtet. Das tat ihm weh. Außerdem reichte sein Einkommen nicht aus. So hielt er allmählich auch hier Ausschau nach einer Gelegenheit, aus den ungünstigen Verhältnissen herauszukommen, um an einer anderen Wirkungsstätte sein Einkommen zu verbessern und in seinem Beruf größere Bewegungsfreiheit zu erlangen. Sein Wunsch eines Ortswechsels sollte überraschend bald in Erfüllung gehen.

6. Akademisches und literarisches Wirken in Heidelberg (1784-1787)

Seit Hofrat Medicus, der ehrgeizige Direktor der Kaiserslauterer Hochschule, die Möglichkeit eines Ausbaus der
von ihm mitbegründeten und nunmehr zehn Jahre in Kaiserslautern bestehenden Hochschule nicht mehr gegeben
sah, betrieb er deren Verlegung nach Heidelberg, die
schließlich offiziell angeordnet und am 28. August 1784
vollzogen wurde. Die gesamte Hohe Schule mit ihrem
Lehrkörper, ihren Sammlungen und ihrer Bibliothek über-
siedelte nach Heidelberg. Hier wurde sie als Staatswirtschafts Hohe Schule in die philosophische Fakultät der
Universität eingegliedert. Der Vorlesungsbetrieb wurde in
Heidelberg bereits im November 1784 aufgenommen und
in gleicher Weise wie zuvor in Kaiserslautern fortgesetzt.
Jung-Stilling fiel die Aufgabe zu, am 10. November 1784
die Eröffnungsrede »Über das Studium der Staatswirtschaft und über das Studium der Vieharzneikunde« zu halten. Darin nannte er als höchstes Ziel der Staatswirtschaft
und als sein eigenes Anliegen: »Mache dein Vaterland so
glücklich, als es dir, entweder als Regent oder als Bedien-
ter, in deiner Wirkungssphäre möglich ist.« Mit dieser Maxime trat Jung-Stilling auch an diesem seinem neuen Wir-
kungsort an. Und wieder verband er damit die Hoffnung
auf eine endgültige Erfüllung seiner Ideale. Und zunächst
standen in Heidelberg die Vorzeichen – wieder einmal –
günstig. Sein Einkommen vermehrte sich, sein Wirkungskreis wurde größer. Die »Deutsche Gesellschaft« in Mannheim, die sich das Ziel gesetzt hatte, die deutsche Sprache
und Literatur zu fördern und damit ein Gegengewicht gegen die vorherrschende französische und englische Literatur zu bilden, ehrte ihn mit der Berufung zu ihrem ordentlichen Mitglied. Kurfürst Carl Theodor ernannte ihn zum

Der Universitätsplatz in Heidelberg im Jahr 1785
(Radierung von B. de la Rocque)

Vorlesungsverzeichnis der Universität Heidelberg für das Sommersemester 1785

Hofrat. Gerade diese Ehrung war ihm besonders wichtig, weil er nun endlich seine Treue und seinen Fleiß auch am Hof anerkannt sah. Denn angesichts seiner Anhänglichkeit an den fürstlichen Absolutismus galt für ihn der Grundsatz, »daß sich der Grad der Ehre verhalte, wie die Nähe bei dem Thron«. In der Öffentlichkeit schätzte man ihn wegen seiner erfolgreichen, unentgeltlichen Augenkuren. Auch an der Universität war er beliebt. Er bot seinen Studenten ein denkbar breites Spektrum von Lehrveranstaltungen. Auch unternahm er wissenschaftliche Exkursionen mit ihnen. Im Sommer und Herbst 1785 durchwanderte er mit seinen Studenten die »paradiesische Pfalz«.

Neue Freunde traten ihm in diesen Jahren zur Seite: der Dichter Friedrich von Matthison (1761-1831), der Jurist und Schriftsteller Karl Friedrich von Moser (1723-1798)

Angaben über Jung-Stillings Lehrtätigkeit im Sommer 1785

und der bereits erwähnte Adolf Freiherr von Knigge (1752-1796), der mennonitische Landwirt David Möllinger in Monsheim bei Worms, der »Vater des pfälzischen Kleebaus« (1709-1786), und der kurpfälzische Kirchenrat Johann Friedrich Mieg (1744-1819) in Heidelberg selbst.

Mieg, ein wenig jüngerer Altersgenosse Jung-Stillings, war in Lingen (Ems) geboren, hatte in Heidelberg und in Den Haag (Holland) studiert. Nach verschiedenen Pfarrdiensten war er 1775 zum kurpfälzischen Kirchenrat berufen worden und wirkte seitdem als Pfarrer an der Heiliggeistkirche in Heidelberg. Er war damals der einflußreichste reformierte Geistliche in der Pfalz. Mieg lernte Jung-Stilling aus dessen »Lebensgeschichte« kennen. Und als

Jung-Stilling im Herbst 1784 nach Heidelberg kam, entwickelte sich bald eine herzliche Freundschaft zwischen den beiden Ehepaaren Mieg und Jung. Man darf annehmen, daß Mieg es war, der Jung-Stillings Berufung in die Kurpfälzische Deutsche Gesellschaft in Mannheim angebahnt hatte. An jedem zweiten Sonntagnachmittag fuhren sie gemeinsam zu den Sitzungen der Deutschen Gesellschaft nach Mannheim. Jung-Stilling erlebte diese Fahrten als eine angenehme Erholung und fühlte sich in diesem Kreise wohl. Im Pfarrhaus Mieg am Marktplatz in Heidelberg kehrte Jung-Stilling mit seiner Frau regelmäßig ein, wo man Geselligkeit pflegte und miteinander musizierte. Mieg war damals neben seinen übrigen Amtsgeschäften mit der Bearbeitung des neuen reformierten Gesangbuchs der Kurpfalz beschäftigt, das 1785 in Heidelberg erschien. Um dem Bedürfnis und dem Geschmack der Zeit zu entsprechen, sollten die älteren bekannten und beliebten Lieder »so verbessert werden, daß sie nichts Anstößiges mehr enthielten«. Alle alten Lieder, welche »unrichtige Vorstellungen von Gott und göttlichen Dingen enthielten«, nahm Mieg nicht mehr auf, so auch die Choräle von Martin Luther wie z.B. »Ein feste Burg ist unser Gott«, »Erhalt uns, Herr, bei deinem Wort«, »Vom Himmel hoch, da komm ich her«, und von Paul Gerhardt (gest. 1676) die Lieder »Ein Lämmlein geht und trägt die Schuld«, »Geh aus, mein Herz, und suche Freud«, »Nun ruhen alle Wälder«. Offenbar enthielten alle diese Choräle nach Miegs Begriffen »unrichtige Vorstellungen von Gott und göttlichen Dingen« und konnten den »Freunden eines vernünftigen Gottesdienstes« daher nicht mehr zugemutet werden. Es handelte sich bei Miegs Gesangbuchreform offensichtlich nicht nur um formal-stilistische Veränderungen nach dem Bedürfnis und Geschmack einer neuen Generation, sondern auch und vielmehr um theologisch-inhaltliche Veränderungen. Dieses Gesangbuch sollte die von der Aufklärung erstrebte Generalreform der Kirche in Theologie,

Verkündigung, Lehre und Liturgie vorantreiben. Mieg vertrat eine Frömmigkeit, die primär am ersten Glaubensartikel orientiert war. Sie gab zwar den Inhalt des zweiten und dritten Glaubensartikels nicht völlig preis, verlieh aber dem Christsein schließlich doch überwiegend den Charakter eines durch Frömmigkeit tugendhaften, ehrbaren und wohltätigen Lebens. Miegs Charakter zog Jung-Stilling an. Ihre Freundschaft erreichte zwar nicht eine solche Tiefe, daß sie die Enttäuschungen Jung-Stillings in diesen Heidelberger Jahren hätte ausgleichen können, sie war aber doch stark genug, um fortzudauern, als Jung-Stilling nach zweieinhalb Jahren Heidelberg wieder verließ und nach Marburg zog. Denn dort erhielt er schon ein Jahr später Miegs Besuch. Bei dieser Gelegenheit machte der belesene, philosophisch interessierte Mieg seinen Freund Jung-Stilling auf »eine gewisse Abhandlung über die Kantische Philosophie« aufmerksam, die ihm selber sehr gefallen hatte, und sprach mit ihm über den Kategorischen Imperativ aus Kants eben erschienener »Kritik der praktischen Vernunft« (1788). Daraufhin beschloß Jung-Stilling, Kants Schriften zu lesen, und begann mit der Lektüre der »Kritik der reinen Vernunft« (1781), die ihm entscheidend dazu verhalf, um aus bisherigen Glaubenszweifeln freizukommen.

In den ersten beiden Heidelberger Jahren (1784/85) erschien Jung-Stillings vierter Roman »Theobald oder die Schwärmer. Eine wahre Geschichte«.[9] Jung-Stillings Absicht war es, mit diesem Roman eine Geschichte der religiösen Schwärmer seines Jahrhunderts zu schreiben. In scharfsinniger, geradezu zeitlos gültiger Weise lieferte Jung-Stilling hier eine Anamnese und Diagnose der Schwärmerei und gab manchen brauchbaren, freilich auch manchen kritisch zu bedenkenden Rat zur Bekämpfung derselben. Zur Überwindung der Schwärmerei empfahl er alle Mittel, welche die Herrschaft der Gefühle mindern und die Herrschaft der »christlichen Vernunft« fördern, so z.B. die Aneignung solider psychologischer Kenntnisse;

harte Arbeit um den Lebensunterhalt; die Lektüre aufgeklärter Schriften und den vernünftigen Umgang mit der Bibel und den Dogmen; das empfindsame Naturerlebnis; in manchen Fällen einen Eimer kalten Wassers über den Kopf des Schwärmers, in anderen, besonders schweren Fällen das Einschreiten der Staatsgewalt. Zur endgültigen Heilung der Schwärmerei erteilte er fünf Ratschläge, die er im Roman ausführlich entwickelte: (1) Der wahre Christ unternimmt nichts gegen die gesellschaftliche Ordnung; (2) der wahre Christ sucht nie das Außergewöhnliche, sondern stets die treue Pflichterfüllung; (3) der wahre Christ lebt maßvoll und unauffällig; (4) der wahre Christ folgt nicht seinen Empfindungen, sondern der »christlichen Vernunft«; (5) der wahre Christ sucht die Gottebenbildlichkeit auf dem Wege moralischer Vervollkommnung zu erreichen.

Mit dieser Anamnese, der Diagnose und den Therapievorschlägen verband Jung-Stilling aber noch ein weiteres persönliches Motiv und eine tieferliegende Zielsetzung. In seiner Kindheit und Jugend war Jung-Stilling auf dem Wege direkter persönlicher Kontakte oder aber durch Lektüre pietistischer Literatur verschiedenen Erscheinungsformen des Pietismus begegnet. In seinem dritten Lebensjahrzehnt wurde aus der Begegnung mehr: eine brüderliche Verbindung. Diese hatte sich aber nach der Straßburger Studienzeit weitgehend gelöst. Mit der distanzierenden Wirkung seiner veränderten Haltung auf die früheren Brüder und Freunde hatte Jung-Stilling nicht gerechnet. Statt dessen erklärte er seine Ablehnung durch die Elberfelder Pietisten mit ihrer persönlichen Feindschaft. Die hieraus resultierenden seelischen Wunden saßen tief und wollten nicht heilen. Der berufliche Wechsel vom Arzt in Elberfeld zum Professor für Kameralwissenschaft in Kaiserslautern gab ihm die Gelegenheit, die Haltung des »seligen Mittelwegs« mit seinem beruflichen Wirken zu verbinden. In Kaiserslautern hatten zwar die ersten Teile seiner Lebensgeschichte das Vorurteil gegen ihn erweckt, er sei ein Pietist. Aber über dieses Vorurteil fühlte er sich erhaben. Denn ein Pietist war er inzwischen ebensowenig, wie er jemals ein Freigeist war. Allmählich aber mochte er sich über diesen Verdacht nicht mehr hinwegsetzen; er spürte, daß er ihm abträglich war und seinen Ruf schädigte. Er wollte nicht wieder, unter umgekehrten Vorzeichen, das gleiche Schicksal wie in Elberfeld erleiden. So sah er sich zu einer noch deutlicheren Distanzierung vom Pietismus genötigt als bisher und schrieb zu seiner Reinigung von dem Ruf eines Pietisten den Roman »Theobald«.

Der Roman trägt auffällige autobiographische Züge. Hinter der Titelfigur »Theobald« ist Jung-Stilling selbst zu sehen. Die ergänzende Angabe »oder die Schwärmer« im Titel des Buches macht darauf aufmerksam, daß es sich bei diesem Buch um eine grundsätzliche Auseinandersetzung mit dem Phänomen der religiösen Schwärmerei handeln soll. Der Roman zeigt in Theobalds Erleben die Kontakte Jung-Stillings mit dem Pietismus, die Konflikte mit ihm, die innere und äußere Loslösung von ihm und die inzwischen erreichte eigene Position: den »seligen Mittelweg«. In den vorangegangenen Romanen hatte Jung-Stilling die Abgrenzung seiner Position von Schwärmerei und Pietismus mit steigernder Deutlichkeit vollzogen. Diesmal wollte er die Abgrenzung zugleich intensiv und extensiv abhandeln. Diesmal beließ er es nicht nur bei der Warnung vor dem falschen Weg, sondern zeigte seinen eigenen als den richtigen wünschenswerten Weg. In der Originalausgabe des ersten Bandes findet sich im Titel das vielsagende Motto »Mittelmaß, die beste Straß« – ein Leitspruch der frommen Aufklärung!

Jung-Stilling unterschied zwar wahre und falsche Pietisten. Aber alle im »Theobald« erwähnten wahren Pietisten blieben doch im Umfeld gefährlicher und sektiererischer Strömungen befangen. Von dem Urteil der Schwärmerei mochte Jung-Stilling eigentlich keinen der Pietisten befreien, nur hielt er fest, daß nicht jede Schwärmerei gefährlich

sei. Ja, es gab für Jung-Stilling hochzuachtende Schwärmer, von denen man viel lernen könne, besonders was ihr
Vervollkommnungsstreben anbelangt. Aber selbst gute
Christen unter ihnen waren zumindest noch »mit einem
heiligen Schein umgeben, der wahrlich mehr schadet als
nützt«. Irgend etwas vom Entscheidenden fehlte ihnen allen. Mag auch die mystische Quelle im Falle des Halle-
schen Pietismus zu »unaussprechlichem Nutzen« geführt
haben, mag »in Zinzendorfs System mehr Plan, Weisheit
und Politik als in den Symbolen beider protestantischen
Kirchen zusammen« liegen, so kritisierte Jung-Stilling
doch, »daß seine Glaubenslehre zur sittlichen Vervollkommnung nicht die wahren biblischen Mittel anweist«. Ja
selbst die »besten unter allen Pietisten«, die Tersteegenia-
ner, kommen nicht ungestraft davon; Jung-Stilling rügte
ihren »übertriebenen Enthusiasmus« und ihre »Unlauter-
keiten« in der Lehre.

Kein Wunder: In den Kreisen der Deutschen Christen-
tumsgesellschaft empfand man den »Theobald« als gene-
relle negative Pietismuskritik. Und in der Tat: Daß Jung-
Stilling mit seinem »Theobald« nicht nur die radikalen
Vertreter des Pietismus, sondern eben auch die »wahren
Pietisten«, ja gerade auch ihre Fehler bloßstellen wollte,
gab er später (1796) in einem Brief an den Sekretär der
Basler Christentumsgesellschaft, Karl Friedrich Adolf
Steinkopf, ausdrücklich zu. Nach Jahren gestand er es ein,
daß er erst unter dessen brüderlicher Ermahnung erkannte, daß derlei öffentliche Kritik mehr schadet als nützt.
Daß er bei allem, was er gegen die Pietisten geschrieben
hatte, allein der Sache des Herrn habe dienen wollen, werde ihm der Herr, so hoffte er, »bei der großen Abrechnung
um seiner blutigen Versöhnung willen zugute halten«. Einzelne Verirrungen pietistischer Brüder wollte er in Zukunft
nur noch persönlich ansprechen. Schließlich gelobte er:
»Ich verspreche Ihnen nochmals feierlich, das Wort Pietist
nie wieder im üblen Sinn zu gebrauchen, sondern wenn ich

Ein in Heidelberg verfaßtes Lehrbuch Jung-Stillings

Mängel anzeigen muß, solches in Liebe und unter dem wahren echten Namen zu tun.« Zwischen 1785 und 1796 hat sich also im Verhältnis Jung-Stillings zu den Pietisten einiges geändert. Er war dem Pietismus wieder nähergerückt und suchte und pflegte bewußt die brüderliche Verbindung. Aber zur Zeit der Abfassung der frühen Romane war seine Distanz zum Pietismus überdeutlich.

Die Reihe von Lehrbüchern, die Jung-Stilling in Kaiserslautern für den akademischen Unterricht in den kameralwissenschaftlichen Disziplinen zu schreiben begonnen hatte, setzte er, um sein »System ganz zu vollenden«, in Heidelberg mit vier weiteren Veröffentlichungen fort. Eine Übersetzung von »Virgils Georgicon« ließ er 1787 in Mannheim erscheinen.

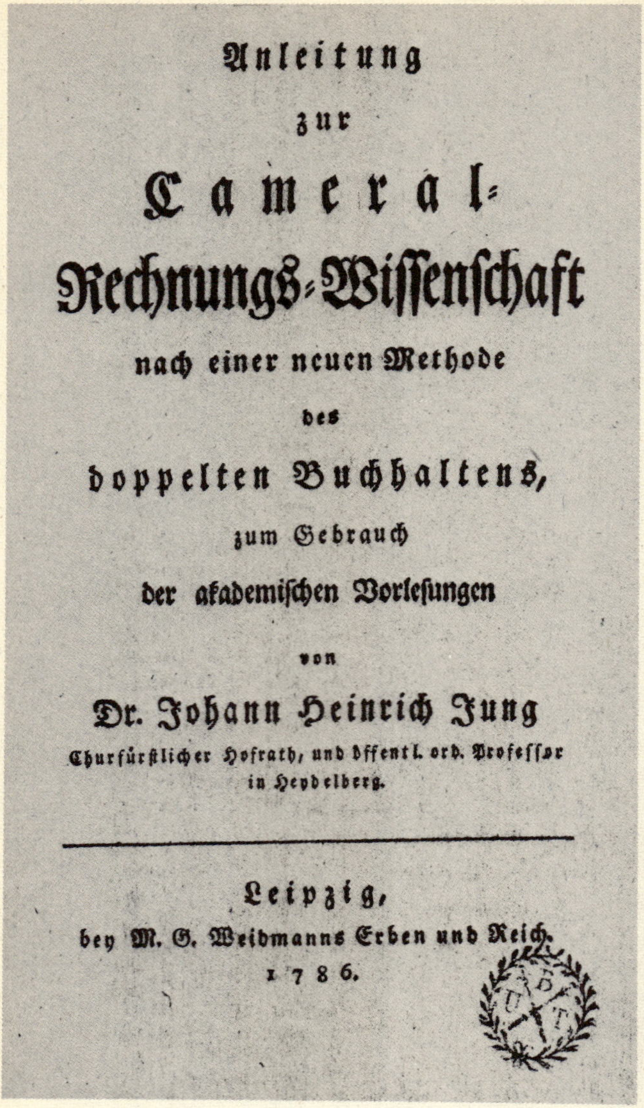

Anleitung

zur

Cameral-Rechnungs-Wissenschaft

nach einer neuen Methode

des

doppelten Buchhaltens,

zum Gebrauch

der akademischen Vorlesungen

von

Dr. Johann Heinrich Jung

Churfürstlicher Hofrath, und öffentl. ord. Professor
in Heydelberg.

Leipzig,
bey M. G. Weidmanns Erben und Reich.
1786.

Jung-Stillings Lehrtätigkeit umfaßte viele Gebiete

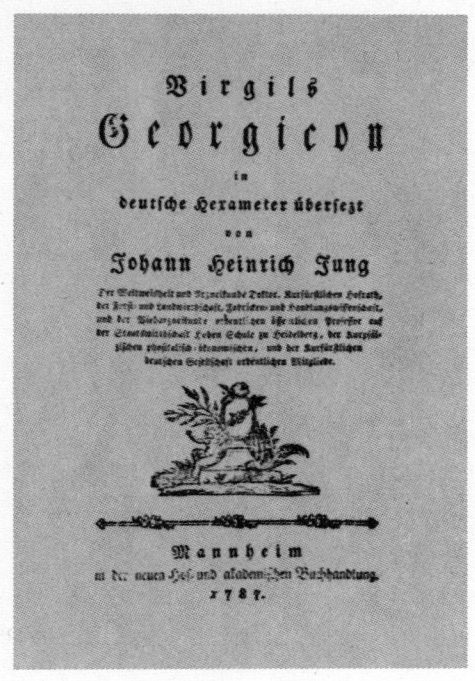

Um dieselbe Zeit begann Jung-Stilling, jenen seit seiner Kindheit gehegten Wunsch zu verwirklichen und eine »Christenreise«, ein »Bunyanbuch«, in Versen zu schreiben. Er schrieb etliche Bogen, aber das Werk mißlang ihm. Später, nach seiner geistlichen Wende, benannte er rückblickend den zutreffenden Grund: ». . . daß ich die Waffen zu einem Kampf und die Kunst zu überwinden unmöglich schildern und beschreiben konnte, ehe ich jene kannte und diese wußte.«

In demselben Jahr 1787 ließ er seine Schrift »Blicke in die Geheimnisse der Natur-Weisheit denen Herren von Dalberg, Herder und Kant gewidmet« erscheinen. Im 2. Teil seiner »Lebensgeschichte« (1778) erwähnte er, daß er bereits in seinen frühen Jünglingsjahren einen zunehmenden, unersättlichen Hunger nach Erkenntnis der »ersten Urkräfte der Natur« verspürt habe, der sich zunächst in einer ausgeprägten »Neigung zur Alchimie« äußerte. In den folgenden Jahren, der Zeit seiner »Wanderschaft«, suchte er ihn durch ein gründliches Studium der Leibniz-Wolffschen Schulphilosophie zu stillen. Dabei empfand er ein Mißtrauen gegen dieses System, weil es »alle kindlichen Empfindungen des Herzens gegen Gott« ersticke. Daher suchte er weiter und betrieb in Straßburg naturphilosophische Studien. Im Jahre 1771 brachte Jung-Stilling das ihm vor Augen stehende »System« in groben Umrißlinien zu Papier, um es in den folgenden fünfzehn Jahren weiter zu bearbeiten. Der 1776 handschriftlich abgefaßte »Theosophische Versuch vom Wesen Gottes und von dem Ursprung aller Dinge« war eine Vorarbeit für die schließlich 1787 erschienenen »Blicke«. Als Jung-Stilling im Juli 1780 seinem Freund Lavater davon berichtete, daß er einen »Versuch einer Philosophie der uralten Weisen« zur Veröffentlichung bringen wolle, um darin »ewige, felsenfeste Wahrheit der Schöpfungsgeschichte Moses, Theodizee Gottes gegen Spinoza und alle Zweifler, wunderbare Übereinstimmung Newtons, Copernikus' und – Moses!!! Winke zu einer sonderbaren Geister-Lehre, Blick in die Gottheit, der alles Bisherige übertrifft, also bessere Erkenntnis Gottes aus der Natur, bessere Prinzipien zur Moral, überall genaueste Harmonie mit der Bibel« zu bieten, reagierte Lavater mit verständlicher Skepsis: »Von Deinem philosophischen Versuche verspreche ich mir noch nicht viel. Doch will ich hören.« Jung-Stilling hielt aber an seinem Vorhaben unbeirrt fest. Immerhin gab er das Werk, von dem er sich so große Wirkung erwartete, anonym heraus! Vermutlich spielte bei aller nach außen hin vorgetragenen Sicherheit eine innere Unsicherheit mit, ganz abgesehen von der Vorsicht, seine amtliche Stellung als Professor nicht in Mißkredit zu bringen.

Seinen philosophisch-spekulativen Stoff gliederte Jung-Stilling im Sinne einer philosophischen Kette als neungliedrigen Stufenkosmos von der Schöpfung der Materie über die Bildung der Pflanzen und Tiere bis hin zum Menschen, Geist und Gott, um aus der Naturbeobachtung auf Gott und sein Wesen und auf die göttliche Heilsordnung zu schließen. Mit diesem Werk schloß sich Jung-Stilling der hermetischen Philosophie an, die in sich die verschiedensten Traditionen vereinigte: frühe griechische Naturphilosophie, Orphik und Pythagoreismus, Gnosis, Neuplatonismus und Manichäismus, Magie und Kabbala, Mystik und Alchemie, Paracelsismus, Böhmismus und Swedenborgianismus, Theosophie, Freimaurerei und Rosenkreuzertum, alte und neue Naturkunde. Jung-Stilling wollte mit seinen »Blicken« zwischen der aufgeklärten Vernunftwissenschaft und dem biblischen Glauben vermitteln, aber doch so, daß er die Bibel vor der Vernunft als der letztgültigen Instanz und der ›Richterin‹ auf der ›Anklagebank‹ sitzen sah, während er ihr mit seiner Philosophie beistehen und sie vor ihrer Verurteilung retten wollte, weil er meinte, daß die Bibel nur dann gültig sein und sich als Wahrheit erweisen könnte, wenn sie mit der Vernunft übereinstimmt.

Als Vernunftquelle diente ihm die Naturerkenntnis. Aus ihr suchte er die Existenz und das Wesen Gottes und die Gültigkeit der biblischen Offenbarung zu beweisen und bot damit doch nichts anderes als eine Variante der Physiko-Theologie der Aufklärungszeit.

Im Blick auf die literarische und wissenschaftliche Eigenart haben wir es bei den theosophisch-hermetischen Schriften Jung-Stillings mit einer weiteren, anderen, neuen Komponente in seiner Schriftstellerei zu tun; im Blick auf den entscheidenden theologischen Gehalt finden wir aber Jung-Stillings philosophisches System weder im Kontrast zu seinen anderen Werken noch isoliert daneben. Es befindet sich vielmehr in harmonischer Verbindung mit ihnen. So begegnet uns Jung-Stilling auch als Philosoph auf dem Mittelweg der frommen Aufklärung.

Jung-Stilling tat wohl daran, seine Anonymität als Autor dieses Buches streng zu wahren, so streng, daß nicht einmal seine eigenen Kinder etwas von seiner Autorschaft erfuhren. Denn eben dieses Werk, von dem er sich höchsten Beifall und nahezu universale Wirkung erwartete, blieb ohne jeden Erfolg: ein überraschendes, schmerzliches, aber vermutlich auch lehrreiches Ergebnis! Jung-Stilling scheint sich nach diesem Mißerfolg von den naturphilosophischen Spekulationen abgewandt zu haben. Ja, noch mehr: Jung-Stilling hat Anfang der 1790er Jahre andere theologische Erkenntnisse gefaßt, die ihn sogar zu einer Ablehnung naturphilosophischer und naturmystischer Spekulationen führten. In seinem Roman »Das Heimweh« (1794-1796) tritt »Saphienta« (= Buchstabenumstellung für ›Phantasie‹), ein Anhänger der hermetischen Philosophie, als einer der gefährlichsten Gegenspieler des Kreuzritters auf, von dem er sich entschieden trennen und vor dessen Verführungen er sich auf seinem Weg hüten muß, um nicht das Ziel zu verfehlen. Der Kreuzritter durchschaut »Saphientas« Lehre und Praktiken als ein »die Sinnlichkeit gefangen nehmendes Blendwerk« und lernt es, zum Erwerb wissenschaftlicher Erkenntnisse den ganzen Reichtum der Natur zu nutzen, ansonsten aber keine höhere Einsicht zu suchen, als Christus zu erkennen, in welchem alles offenbart ist. Und als Jung-Stilling im Jahr 1809 von seinem 32 Jahre jüngeren Freund, dem Frankfurter Bürgermeister Johann Friedrich von Meyer, spekulative Fragen vorgelegt bekam, antwortete er, daß ihm die Behandlung solcher Fragen »zu weitläufig«, aber auch »zu langweilig und unnötig« sei, und fuhr fort: »Sagen Sie, Lieber, was nützen solche Spekulationen? Ich will nichts wissen als Jesum den Gekreuzigten, der wird uns nach und nach mitteilen, was uns nötig ist. Denn Er ist uns ja auch zur Weisheit gemacht.« Die in späteren Jahren veränderte

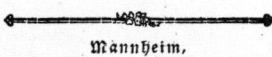
Titelblatt der mit Begeisterung aufgenommenen deutschen Jubelrede Jung-Stillings zum 400-jährigen Jubiläum der Universität Heidelberg

Einstellung Jung-Stillings, auf deren Ursachen und Wirkungen noch einzugehen sein wird, steht auch in diesem Zusammenhang offenkundig vor uns.

Die Bedeutung, die man in Heidelberg der neu eingegliederten »Staatswirtschafts Hohen Schule« beimaß, ebensowohl wie die öffentliche Wertschätzung Jung-Stillings werden darin sichtbar, daß Jung-Stilling 1786 mit der Jubelrede zum vierhundertjährigen Jubiläum der Universität beauftragt wurde. Heidelberg feierte dieses Jubiläum mit einem Aufwand und Pomp, der in keinem Verhältnis zu der tatsächlichen, in Folge der späten gegenreformatorischen Maßnahmen stark reduzierten, nur noch provinziellen Bedeutung der Universität stand. Seine in deutscher Sprache vorgetragene Festrede – für die damaligen Gepflogenheiten an einer Universität noch eine Sensation!

87

– unter dem Thema »Über den Geist der Staatswirtschaft«, die er am Nachmittag des 7. November 1786 im Saal der Staatswirtschafts Hohen Schule hielt, trug ihm unerwarteten, großen Erfolg ein. Bereits während seines Vortrags wurde er mehrmals von Beifall unterbrochen. Der Statthalter des Kurfürsten in der Rheinpfalz, Minister von Oberndorff, dankte ihm nach der Rede »sehr verbindlich, und nun fingen die Pfälzer Großen in ihren Sternen- und Ordensbändern an, herbeizutreten und ihn der Reihe nach zu umarmen und zu küssen, welches hernach auch von den vornehmsten Deputierten der Reichsstädte und Universitäten geschah«. Am Tage danach wurde Jung-Stilling der philosophische Doktorgrad ehrenhalber verliehen. War jetzt sein Glück nicht vollkommen?

Das war nicht der Fall. Wieder einmal war Jung-Stillings Situation durch die Polarität zwischen den bleibend hohen und weitgreifenden Erwartungen an seine berufliche Wirksamkeit einerseits und den vielen enttäuschenden Erfahrungen auf allen Lebensgebieten andererseits gekennzeichnet. Er hoffte ständig auf eine Übereinstimmung zwischen Erwartungen und Erfahrungen, doch immer wieder klafften sie weit auseinander. Er durchlebte und durchlitt viel Kummer, Verdruß und Herzeleid. Zwei seiner Kinder, Carl Christoph Heinrich und Christiane Louise Sophie, starben in Heidelberg. Und entgegen allen Hoffnungen auf eine verbesserte wirtschaftliche Lage und eine größere berufliche Anerkennung, mit denen er nach Heidelberg gezogen war, warteten auf diesem Gebiet neue Enttäuschungen auf ihn. Er war davon überzeugt, daß mit der Verwirklichung seiner staatswirtschaftlichen Theorien »das Horn des Überflusses« über das Volk ausgeschüttet werde und daß er als »wohltätiges Werkzeug« dieser Volksbeglückung allgemeine Anerkennung finden müßte. Gegenteilige Erfahrungen mußte er als Widerspruch zu seinem staatswirtschaftlichen »Glaubensbekenntnis« ansehen. Sein Einkommen reichte trotz der Erhöhung wieder nicht aus. »An

Gründung eines Familienglücks« – im Sinne einer soliden wirtschaftlichen Fundierung – »war gar nicht zu denken«. Die alte Schuldenlast, die er doch schon in Kaiserslautern endgültig loszuwerden hoffte, drückte ihn noch immer. Wurde mit seiner eigenen wirtschaftlichen Notlage nicht sein »ganzes System« unglaubwürdig? Die Bevölkerung sollte zu blühendem Wohlstand gelangen, während er selbst von Wohlstand nur träumen konnte! Noch schmerzlicher für ihn waren gewisse Schwierigkeiten unter den Kollegen an der Universität. Neid, Mißgunst und Mißtrauen traten ihm noch stärker entgegen. Selbst Medicus, der ihn einst nach Kaiserslautern geholt und sich doch so lange Zeit für Jung-Stilling eingesetzt hatte, distanzierte sich jetzt von ihm. Jung-Stilling fühlte sich eingeengt und hielt schließlich ein weiteres Mal Ausschau nach einer Verbesserung seiner Lage, um endlich frei und ungehindert sein ganzes »System« ausarbeiten und lehren zu können und seinem endgültigen »Standpunkt«, seiner »Bestimmung«, seinem »Vaterland« zuzueilen. Diese Möglichkeit erkannte er in der im Februar 1787 ausgesprochenen Berufung auf eine kameralwissenschaftliche Professur an der Universität Marburg. Sein Enthusiasmus wurde neu entfacht. Am 21. Februar 1787 schrieb er seinem Freund, dem Amtmann Mayer in Neckarbischofsheim, ins Stammbuch: ». . . wir sehen Engel und weinen Tränen der Freude. Wohl uns, Freund! Wir wollen uns freuen. Gottes- und Menschenliebe sei Losung beim ersten Erwachen, sei Losung, wenn unsre Lunge den letzten Odemzug weghaucht.« Jetzt fühlte er sich ganz im Glück und fand seine Lebensprinzipien bestätigt. Unter der Losung »Gottes- und Menschenliebe« und mit neuer Erwartung zog er am Ostersonntag (8. April 1787) zusammen mit seiner Familie von Heidelberg nach Marburg um. Dort wollte er sein Lebenswerk durch Verwirklichung seiner kameralistischen Pläne vollenden. Noch ahnte er nicht, daß erst dort sein eigentliches Lebenswerk als Schriftsteller der Erweckung beginnen sollte.

7. Im Bannkreis der frommen Aufklärung

Seit seiner Straßburger Studienzeit sah sich Jung-Stilling mit der Aufklärung konfrontiert. Bevor er zu seinem endgültigen Standpunkt gelangte, wurde er von ihr in eine andere Richtung des Denkens gedrängt, als er sie bis dahin verfolgt hatte. Er war nun kein Pietist mehr; aber er war auch kein Rationalist geworden. Er fand seinen neuen theologischen Standort in einer Verbindung zwischen dem ihm von Jugend an vertrauten Glaubensgut und den Grundideen der Aufklärung. Das Schwierige und zum Teil Rätselhafte seiner Haltung in den Jahren 1770-1790 ist die Doppelheit, die sicher zunächst einmal das Resultat einer Konfliktzeit, einer außerordentlich bewegten, spannungsgeladenen Epoche der Geistesgeschichte war, in der sich Jung-Stilling befand. Die Aufklärung brachte für Theologie und Kirche die große Herausforderung, eine verständliche, glaubwürdige, in der Heiligen Schrift begründete Antwort auf die Fragen der Zeit zu finden und dabei dem Auftrag zur Nachfolge des Herrn, der von den historischen Zufälligkeiten unabhängig ist, zu entsprechen. Jung-Stilling stellte sich ihr und nahm sie an. Bei der Antwort, die er in jenen Jahren mit seinem »Mittelweg« gegeben hat, beugte er sich vor der Forderung der Aufklärung, daß sich der christliche Glaube vor der Vernunft legitimieren müsse. Dementsprechend war Jung-Stilling um eine Lehre bemüht, bei der Philosophie, biblische Offenbarung und Lehre der Kirche ein harmonisches Ganzes bilden. Indem Jung-Stilling diesen Standort einnahm, gab er weder seine persönliche Frömmigkeit auf, noch beendete er seinen tapferen und fleißigen Einsatz für die christliche Religion. Aber: das Vorzeichen vor der Klammer seiner Frömmigkeit und seines Einsatzes für die Religion war nun einmal die Aufklärung. Darum erscheint dieser synthetische Begriff »fromme Aufklärung« für eine Haltung geeignet, die zwischen den beiden Größen Glaube und Vernunft vermitteln und sie zu einer Einheit verbinden will. Freilich, die Antwort des »Mittelwegs« ließ Jung-Stilling selber noch nicht zur Ruhe kommen und verhinderte so die missionarisch-erweckliche Ausstrahlung seines Glaubens, die dann nach seiner Wende wirksam werden sollte. Was noch unter der Vorherrschaft des Zeitgeistes steht, kann den Zeitgeist nicht wirksam angreifen, geschweige denn überwinden.

Wegen der starken Verwandtschaft der frommen Aufklärung mit zeitgenössischen theologischen und kirchlichen Strömungen lohnt es sich, die theologischen Inhalte dieser Glaubenswelt in einem kurzen Überblick geordnet zu betrachten. Dabei geht es nicht um die dem Zeitgeschmack angepaßte religiöse Begrifflichkeit. In der Aufklärungszeit mied man bekanntlich mit Absicht die biblische Sprache, um die christliche Wahrheit mit anderen Worten vermeintlich besser zur Geltung zu bringen. Ob es dann aber tatsächlich die gleiche Wahrheit war, wenn etwa an die Stelle des biblischen Begriffs »Gerechtigkeit« der Begriff »Tugend«, an die Stelle von »Wiedergeburt« und »Heiligung« die Rede von der »Besserung« und der »Vervollkommnung« des Menschen traten oder man lieber vom »Unterricht« als vom »Evangelium« sprach, lieber »Gott ähnlich werden« als »Gott lieben« und »Christus nachahmen« statt »Christus anziehen« sagte, das ist immer noch die große Frage. Um sie geht es aber im folgenden nicht, sondern um konkrete Glaubensinhalte.[10] Und da Jung-Stilling für den religiösen Gehalt seiner frühen Schriften den Anspruch erhob, »nicht ein Haar breit von der reinen apostolisch-evangelischen Lehre« zu weichen, und er sich dabei ausdrücklich auf den Maßstab der Bibel und der reformatorischen Bekenntnisse berief, müssen seine Schriften auch den von ihm selbst genannten Maßstäben standhalten bzw. sich von diesen her beurteilen lassen.

1) Der Umgang mit der Bibel

Das Verständnis der Bibel hat eine theologische Schlüsselstellung. Durch sie wird jede nachfolgende theologische Aussage im voraus gelenkt. In der »Geschichte des Herrn von Morgenthau« gibt Jung-Stilling eine Erklärung über die Entstehung der biblischen Bücher: »Wir haben eine Anzahl göttlicher Dokumente. Von Anbeginn der Welt her waren geheime Freunde Gottes, . . . sie verfaßten eine Geschichte der Menschheit in Rücksicht ihres Verhältnisses auf Gott, als Vater und als Richter der Menschen betrachtet. Endlich kam noch die Geschichte Christi und seiner Apostel hinzu, und so war dieses Archiv der göttlichen Taten vollständig.« Jung-Stilling sieht demnach die Entstehung der Bibel ganz im neuzeitlichen Sinn als das Werk von bestimmten »Verfassern«, nennt die Verfasser der biblischen Bücher »geheime Freunde Gottes« und gebraucht damit eine Bezeichnung, die er sonst für die hermetischen Philosophen verwendet. An die Stelle der reformatorischen Lehre von der Selbsterschließung Gottes in der Inspiration der Bibel durch den Heiligen Geist tritt hier die Vorstellung einer besonderen Erkenntnisfähigkeit der biblischen Autoren. Am aufschlußreichsten ist die Wendung »eine Geschichte der Menschheit in Rücksicht ihres Verhältnisses auf Gott«. Die Bibel wäre demnach eine Menschheitsgeschichte unter religiösem Aspekt! Hier fällt auf, daß die Folge der biblischen Bücher überhaupt als Geschichtsschreibung verstanden wird. Darin spricht sich eine beachtenswerte Hochschätzung der Geschichte aus. Aber es ist dabei nicht von einer ›Geschichte Gottes mit den Menschen‹, sondern von einer »Geschichte der Menschheit« die Rede. Somit kommt nicht zuerst das Verhältnis Gottes zu den Menschen, sondern das Verhältnis der Menschen zu Gott in Betracht. Das Neue Testament wird nur am Rande gestreift (»kam noch hinzu«) und ohne weitere Erklärung als »die Geschichte Christi und seiner

Apostel« gekennzeichnet. Das Entscheidende des »wahren Bibelbegriffes von Gott« ist bereits im Alten Testament gegeben. Das Alte und das Neue Testament bilden zusammen das »Archiv der göttlichen Taten«. Der Begriff »Archiv« legt die Folgerung nahe, daß die als »göttliche Dokumente« bezeichneten biblischen Bücher ihrem eigentlichen Charakter nach eine religionsgeschichtliche Urkunde darstellen. So ward also die Bibel am ehesten noch als Urkunde der Offenbarung Gottes, aber nicht als Offenbarungsgestalt, als Trägerin der Offenbarung Gottes, verstanden. Die Geschichte gewinnt hier bereits ansatzweise die Bedeutung als Offenbarungsträgerin, die ihr später ausdrücklich und losgelöst von der biblischen Geschichte im Idealismus zugelegt wird. Die Betonung der menschlichen Erkenntnisfähigkeit ebenso wie die Hochschätzung der Historie, die sich in der Deutung der Bibel als Geschichtswerk zeigt, entstammt der Aufklärung. Für Luther gehörte die Geschichte zu dem Gebiet, auf dem der verborgene Gott wirkt; die Geschichte war für ihn »Gottes Mummerei«. Die biblische Offenbarung auf den Begriff einer Menschheitsgeschichte unter religiösem Aspekt zu bringen, wäre für das reformatorische Denken unmöglich gewesen. Damit, daß der theologische Ansatz nicht bei Gott, sondern beim Menschen liegt, verändert sich natürlich auch der Wert der Bibel. Sie ist nicht mehr der Realgrund, sondern lediglich ein Regulativ des Glaubens. Sie bringt nicht das Verhältnis zu Gott zustande, sondern sie enthält eine autoritative Beschreibung des Verhältnisses der Menschen zu Gott.

Die von Jung-Stilling in den Schriften dieser Jahre vorgenommene Auswahl und Deutung biblischer Texte ist nicht weniger aufschlußreich. Bei den am meisten zitierten Bibelworten handelt es sich um Stellen, die das sittliche Verhalten der Christen umschreiben. Sie dienen Jung-Stilling als Belegstellen für seine moralischen Prinzipien und bilden das Rückgrat seiner Laientheologie. Der am häufigsten zitierte Bibeltext, das Gleichnis von den anvertrauten

Pfunden (Matthäus 25,14-30), ist für Jung-Stilling – wie auch sonst in der frommen Aufklärung – offensichtlich am besten dazu angetan, die »wahre Religion«, die Quintessenz der ganzen Bibel, das ist die »Moral Jesu«, zu illustrieren, die nach seiner Sicht darin besteht, daß »wir in der Welt Nutzen schaffen«. Ebenso deutlich kommt die »Moral Jesu« nach Jung-Stillings Auffassung in der Bergpredigt zum Ausdruck, am klarsten in dem Spruch Matthäus 5,16, dem er aber eine eigene, bezeichnende Version gibt: »Lasset euer Licht leuchten vor den Menschen, damit sie eure menschenliebende Handlungen sehen, und den Vater im Himmel preisen mögen!« Die »Moral Jesu« ist nach Jung-Stillings Überzeugung als die Quintessenz der ganzen Bibel nicht nur ›tief religiös richtig‹, sondern ebenso auch »tief philosophisch richtig«, also in völligem Einklang mit der aufgeklärten Vernunft. Damit stellt Jung-Stilling die »wahre Religion« als ein für jeden vernünftigen Menschen rational einleuchtendes und praktisch nachvollziehbares ethisches Ziel dar. Demzufolge sieht er die seelsorgerliche Aufgabe eines rechtschaffenen Theologen darin, durch die praktische Befolgung der »Moral Jesu« ein Beispiel für die Nachfolge Jesu zu geben, und seinen Verkündigungsauftrag erblickt er darin, die »Moral Jesu« zu »beleben«.

So dient Jung-Stillings Bibelgebrauch insgesamt dem einen Grundthema, das alle seine frühen Schriften wie ein cantus firmus durchzieht: der nutzbringenden Moral der Menschenliebe und ihrer göttlichen Belohnung. Der Bibel verbleibt damit die Funktion als Fundament und Garant der Moral. Zugespitzt könnte man sogar sagen: die Bibel steht in funktionaler Abhängigkeit von der Moral, indem sie die Moral lediglich fundieren, initiieren, mobilisieren und stabilisieren soll, die individuelle Moral ebenso wie insbesondere die soziale. Eine primäre geistliche Funktion der Bibel ist nicht zu beobachten. In der Bibel lediglich moralische Werte zu entdecken, ist ohne Zweifel ein mageres Resultat für den Bibelgebrauch eines Laientheologen, der den christlichen Glauben bewahren und gegen den Zeitgeist verteidigen will. Die fromme Aufklärung hinderte Jung-Stilling an dem Zugang zur Weite und Fülle, aber auch zum Kern der biblischen Botschaft.

Jung-Stillings Deutung der Bibel in den Jahren der Abfassung seiner frühen Schriften ist nicht die Frucht eines ernsten und konsequenten Hörens auf die Schrift selbst, wodurch allein sie mit ihrer eigentlichen Botschaft zur Wirkung gekommen wäre, sondern sie steht in Abhängigkeit von übergeordneten fremden Prinzipien. Diese aber, insbesondere die konsequente Moralisierung der biblischen Botschaft, übernahm er von der Aufklärung. Die Vernunft, das Gewissen und die Empfindung des Herzens stehen bei ihm zwar nicht beherrschend über der Bibel, sondern – wie es dem Vermittlungscharakter der frommen Aufklärung entspricht – mitbestimmend neben ihr. Aber dies genügte, um letztlich doch die Anliegen der Aufklärung und nicht die Botschaft des Neuen Testaments bestimmend werden zu lassen, obwohl Jung-Stilling das Gegenteil davon wollte. Durch die Anbindung der Bibel an Vernunft und Natur wurde die Gefahr eines gesetzlichen Bibelgebrauchs heraufbeschworen. Unter dem Bibelgebrauch der frommen Aufklärung konnte die Bibel ihre eigentliche Botschaft und Wirkung nicht entfalten. Die fromme Aufklärung und mit ihr Jung-Stilling vermochten es in diesen Jahren nicht, der Aufklärungstheologie siegreich entgegenzutreten, um eine Erneuerung der innerlich verwundeten Kirche heraufzuführen.

2) Das Gottesbild

Nach Jung-Stillings Frühschriften ist Gott auf mancherlei Weise erkennbar: durch die Bibel, die menschliche Vernunft, ein empfindsames Naturerlebnis und durch die Beobachtung der eigenen Lebensgeschichte und der anderer Menschen. Das Gottesbild, das Jung-Stilling dabei entwirft, ist das Bild von Gott, dem weisen Schöpfer und wohlwollenden Erhalter der Welt, dem freundlichen Führer und väterlichen Freund des Frommen; es ist das Bild von dem Gott des ersten Glaubensartikels. Der von Jung-Stilling beschriebene Weg einer synthetischen Gotteserkenntnis kann nur zu diesem Gottesbild führen. Innerhalb dieses Gottesbildes werden zwei Wesenszüge ganz besonders herausgestellt: 1. Gott als die Vorsehung, die eines jeden Menschen Leben freundlich plant und es erzieherisch in den Dienst für das Allgemeinwohl lenkt, und 2. Gott als der Begründer und Hüter der Moral, der durch väterliche Pädagogik »die frommen Menschen nach und nach zu Engeln« machen und sie dafür ewig belohnen möchte, der aber auch diejenigen zeitlich und ewig bestraft, die sich seiner Pädagogik entziehen.

So betont und breit Jung-Stillings theologische Aussagen im Zusammenhang des ersten Artikels des apostolischen Glaubensbekenntnisses sind, so schwach betont erscheinen demgegenüber die Aussagen im Zusammenhang des zweiten Artikels, und geradezu verschwunden sind theologische Aussagen zum Heiligen Geist im Sinne des dritten Artikels. Mit seinem Rekurs auf den ersten Glaubensartikel erfaßt Jung-Stilling zwar ein wesentliches Element des christlichen Glaubens und gibt dieses, besonders wo es sich mit seiner Lebenserfahrung deckt, ansprechend und eindrucksvoll wieder. Aber der biblische Glaube kennt keine Beschränkung der Gotteslehre auf den ersten Glaubensartikel, wie er der Vernunft und der allgemeinen Religiosität so nahe liegt, sondern er bezeugt den einen Gott, den Vater, den Sohn und den Heiligen Geist. Der in der Heiligen Schrift gegebenen Offenbarung Gottes entspricht einzig diese Rede von dem dreieinigen Gott. Das Bekenntnis zu dem dreieinen Gott stellt das Kriterium für eine wahrhaft biblische und das Korrektiv für eine davon abweichende Gotteserkenntnis dar. Die ausschließliche Rede von dem Gott des ersten Artikels, welche die fromme Aufklärung pflegte, ist eben ein stark reduziertes Zeugnis von Gott. Allerdings – und das sei Jung-Stillings Kritikern wiederum gesagt, die dessen Vorsehungsglauben psychologisch als Ausdruck einer verunsicherten bzw. kranken Psyche deuten wollen: der Vorsehungsglaube im Sinne des Glaubens an die ganz persönliche Lebensführung Gottes ist ein sehr wichtiges, ein konstitutives Element des christlichen Glaubens. Es gibt keine Nachfolge Jesu ohne Verzicht auf eine autonome Lebensgestaltung, also ohne Unterordnung des eigenen Willens unter den Willen des Herrn. Und die persönliche Erfahrung der göttlichen Lebensführung ist zugleich etwas vom Schönsten im Leben (Psalm 23). Also nicht der Vorsehungsglaube als solcher, sondern seine Position und Funktion in Jung-Stillings aufklärerischer Glaubenswelt ist kritisch zu bewerten. Hier sind dies die schlechthin herausragende, primäre Bewertung des Vorsehungshandelns Gottes, die in der Gleichsetzung Gottes mit der »Vorsehung« gipfelt, sowie das grundsätzliche Verständnis des christlichen Glaubens als eines Vorsehungsglaubens.

3) Das Menschenbild

Infolge seiner gründlichen Beschäftigung mit dem Heidelberger Katechismus war Jung-Stilling mit der reformatorischen Sicht des Menschen vertraut. Er hatte als Schüler gelernt und als junger Lehrer gelehrt, daß der Mensch »verderbt« und »ganz und gar untüchtig« sei »zu einigem Guten und geneigt zu allem Bösen«, daß er daher unter Gottes Zorn stehe und daß es aus der Totalität der menschlichen Sünde keinen anderen Ausweg gebe, als daß der Mensch »durch den Geist Gottes wiedergeboren« werde. Ein freier Wille des Menschen ist nach dieser Lehre ausgeschlossen. Jung-Stilling zeichnet in seinen Frühschriften jedoch ein optimistisches Menschenbild. Der Mensch ist demnach ein bis zur Vollkommenheit entwicklungsfähiges

Wesen; seine Grundanlagen sind gut, sein allgemeiner Grundtrieb weist ihn zum Guten. Die »wahre Menschengröße«, moralisch immer vollkommener zu werden, ist lehrbar und wird unter dem rechten pädagogischen Einfluß von verständigen und willigen Personen auf natürlichem Wege wachstümlich erreicht. Dazu befähigt den Menschen sein freier Wille. Wie die Pflanzen nur der ihnen angemessenen Umweltbedingungen bedürfen, um zu gedeihen und zu reifen, so braucht der Mensch lediglich die Sonne wahrer Aufklärung, um die rechte Entwicklung zu nehmen. Wenn Jung-Stilling solchen optimistischen Äußerungen gegenüber bisweilen auch einmal vom allgemeinen Verderben der menschlichen Natur spricht, dann gilt diese traditionelle dogmatische Formel im Gegensatz zu ihrer reformatorischen Bedeutung nur in einem eingeschränkten Sinn, nämlich für den Fall eines Menschen, der nicht von klein auf durch die rechte Erziehung die nötige Steuerung seiner Neigungen erlernte und folglich unglücklich werden muß, weil ja unmöglich die Neigungen eines jeden befriedigt werden können. Mangel an Erziehung oder falsche Erziehung machen den Menschen erst richtig böse. Hat er »Vernunft und Erfahrung«, so widersteht er seinen Neigungen und wandelt auf der rechten Bahn. Er scheitert also letztlich nicht am Verderben seiner Natur, sondern am Mangel an Erziehung. An die Stelle totaler Verderbnis des menschlichen Wesens nach reformatorischer und pietistischer Lehre tritt hier die Vorstellung einer nur relativen moralischen Schwächung des Menschen. Und an die Stelle der reformatorischen und pietistischen Lehre von der Wiedergeburt, die später in Jung-Stillings »Heimweh« eine zentrale Rolle spielen wird, tritt hier die Vorstellung einer Lenkbarkeit des natürlichen Menschen zur Vervollkommnung. Aus diesem Zusammenhang wird der ungemein hohe Wert der Pädagogik in Jung-Stillings frühen Schriften verständlich. Jung-Stilling versteht in diesen Jahren die christliche Religion ihrem Wesen nach als Morallehre, die dem lernwilligen Menschen über die Vernunft vermittelt werden kann. Darum läßt sich auch die rechte Gottesverehrung, das wahre Christsein, lehren und lernen. Demzufolge ist das pädagogische Handeln die vornehmste Pflicht des Christen gegenüber seinem Mitmenschen. Seelsorge und Mission sind infolgedessen lediglich Varianten der Pädagogik. Die Seelsorge verhilft dazu, auf die Spur der Vorsehung zu kommen und darauf zu bleiben, sie bringt im Stil sokratischer »Hebammenkunst« das Gute im Menschen hervor und vermittelt moralische Rezepte. Die Mission aber gewinnt Heiden für den christlichen Glauben durch vernünftige Argumentation und plausible Demonstration der Vorzüge christlicher Ethik. Gott selbst wird als der höchste Erzieher verstanden. Das Beste, was man daher für die Glückseligkeit eines Staatswesens tun kann, sind Schulgründungen. Die wahre Pädagogik bildet die rechten Menschen für ein glückliches Staatswesen aus und führt die Menschen darüber hinaus zur allgemeinen Menschenliebe. Damit schafft sie insgesamt die Voraussetzungen für ein Paradies auf Erden.

Das Leiden des Menschen wird nun, konsequenterweise, gleichfalls in den Zusammenhang des pädagogischen Prozesses eingeordnet, der über das Zerbrechen des eigenen Willens zur moralischen Vervollkommnung führt und den so Erzogenen für eine berufliche und gesellschaftliche Erhöhung disponiert. Alles Leid von Jung-Stillings Helden wandelt sich nach einer kürzeren oder längeren Bewährungsphase in Glückseligkeit. Diese optimistische Zuordnung von Pädagogik und Leiden und die ihr zugrunde liegende Überzeugung, das Leiden vernünftig deuten und das Handeln der Vorsehung einsichtig machen und damit rechtfertigen zu können (Theodizee), ist aufklärerischen Ursprungs, desgleichen die aus ihr entstehende praktische Konsequenz, das Leiden durch Lernbereitschaft und verstehende Veränderung der eigenen Haltung zu überwinden und den Trost im Leid in erkennbaren Lernfortschritten zu entdecken. Diese Leidensdeutung entstammt letztlich der Philosophie und nicht dem Evangelium. Die stoische Philosophie verstand es, das weise pädagogische Handeln der Vorsehung auch in den Widerwärtigkeiten des Lebens zu beschreiben, um damit im Leid zu trösten. Zwar spricht auch das Neue Testament vom »züchtigenden« Handeln Gottes, es hat hier jedoch stets einen christologischen und eschatologischen Bezug. Die frühen Schriften Jung-Stillings, in denen viel von menschlichen Leiden gesprochen wird, kennen zwar das philosophische Gottesbild von dem gütigsten und weisesten Wesen, das nichts Unnötiges und nichts Schädliches verordnet, sie beziehen aber menschliches Leiden nicht auf das Kreuz Christi. Das Bild des Gekreuzigten verschwindet hinter der ins Moralische abgewandelten Leidenstheorie. So empfindet man eher eine Bemühung um die Erhaltung der moralischen Weltordnung als um den Trost Christi. Der Heidelberger Katechismus, der einst Jung-Stilling in die Grundwahrheiten des christlichen Glaubens eingeführt hatte, nennt demgegenüber die Zugehörigkeit des Glaubenden zu dem gekreuzigten und auferstandenen Herrn, letztlich Christus selbst, den »einzigen Trost im Leben und im Sterben«. So hatte es auch Luther gelehrt: »Außerhalb Christus kann sich niemand trösten.« Für die Reformation bestand die Feuerprobe des christlichen Glaubens darin, daß der Christ im Leiden auf den gekreuzigten und auferstandenen Christus sieht und hört.

In einem sachlichen und logischen Zusammenhang mit den optimistischen pädagogischen Gedanken Jung-Stillings steht auch seine Auffassung vom Bösen in der Welt. Jung-Stilling beschreibt das Böse und seine Überwindung gewöhnlich in moralisch-pädagogischen Kategorien als ein überwiegend durch mangelnde Aufklärung entstehendes und durch Erziehung lösbares Phänomen. Aber nach dem Zeugnis der Heiligen Schrift ist das Böse nicht vom Menschen her beschreibbar und noch weniger vom Men-

schen her lösbar, sondern es kann allein in der Gottesbe-
gegnung angesichts des gekreuzigten Christus erkannt
und durch Gottes gnädiges Handeln gelöst werden. Der
moralistische, neutrische Begriff vom Bösen, wie ihn die
Aufklärung und mit ihr auch die fromme Aufklärung gewöhnlich pflegte, wird der biblischen Wahrheit und der reformatorischen Erkenntnis von der Radikalität der
menschlichen Sünde, von dem kosmisch-metaphysischen
Charakter des Bösen, vom Geist, von der Macht und Per-
sonhaftigkeit Satans und von seiner Entmächtigung allein
im Sieg Jesu Christi nicht gerecht.

Kein Wunder also: Die Helden in Jung-Stillings Romanen finden durch Pädagogik und Einsicht zum gottgefälli-
gen Leben; sie sind nicht beunruhigt um das Heil ihrer Seele, sie bangen nicht um ihre Rechtfertigung vor Gott, sie
brauchen nicht um Gottes Gnade zu flehen, sie erleben
keine Buße und keine Wiedergeburt, sondern eine konti-
nuierliche Entwicklung vom Guten zum Besseren. Während es Jung-Stilling später, als dem Vorkämpfer der Erweckung, um die Errettung des Menschen, das Erlebnis des
Heils, die Buße und die neue Geburt des Menschen gehen
wird, bewegt er sich in diesen Jahren noch wie in einer anderen Welt, in der er mit seiner Bemühung um die Besserung des Menschen weder dem Ernst der Sünde noch der
Freude der Buße gerecht wird.

4) Das Bild Christi

Die Frage nach der Christologie berührt den innersten
Kern des christlichen Glaubens. Jung-Stilling lenkt in seinen Frühschriften den Blick seiner Leser nicht auf ›Christi
Blut und Gerechtigkeit‹ als den einzigen Grund des Heils,
sondern auf eine menschliche Bemühung, auf einen gedul-
digen, tapferen und beständigen Lebenskampf und auf die
Wohltätigkeit als den sicheren Weg zum Himmel. Der versöhnende Charakter des Leidens Christi wird relativiert

und der Vorbildcharakter dieses Leidens betont. Das »Wort vom Kreuz« wird dabei zu einem einigermaßen plausiblen Wort vom Leiden. Aber damit verliert die Heilsbedeutung des Kreuzes Christi ihre Ausschließlichkeit, und damit fällt auch die Heilsgewißheit dahin, der das letzte und höchste seelsorgerliche Ringen der Reformation und des Pietismus gegolten hatte. Immer wieder betont es Jung-Stilling, daß der Mensch die Hauptarbeit bei der Abtragung seiner Schuld selbst leisten müsse. Christi Opfer decke nur denjenigen Teil der Schuld, den der Mensch nicht selbst abzutragen vermag. Nur dem, der immer strebend sich bemüht, kommt das Verdienst des Erlösers zugute (Synergismus). Der ordentliche Weg zum Heil, wie ihn Jung-Stillings Romanhelden gehen, führt über edle Taten nach dem Vorbild der Moral Christi zum Lohne des ewigen Lebens bei Gott. Es scheint, als würde Gott im Jüngsten Gericht nach dem Prinzip der Vergeltung verfahren. Weil in Jung-Stillings Frühschriften im Unterschied zur Reformation nicht der für uns gekreuzigte Christus, sondern der fromme und aufgeklärte Mensch im Mittelpunkt steht, ist es auch verständlich, daß trotz aller optimistisch-warmen Farben seines Gottes-, Welt- und Menschenbildes und trotz aller empfindsamen Verzierungen des Gesamtgemäldes die wesentlichen Aussagen seiner frühen Schriften dennoch gesetzlich fordernd wirken. Den theologischen Aussagen Jung-Stillings ging über dem volkserzieherischen Anliegen und dessen philosophischen Voraussetzungen das objektive, ausschließliche Moment der reformatorischen Christologie verloren, das den Heidelberger Katechismus so gewinnend trösten ließ. Jung-Stillings ehrliches Bemühen, die biblische Botschaft durch eine inhaltliche Verbindung mit der zeitgenössischen Philosophie den Zeitgenossen näher zu bringen, mußte allein schon daran scheitern, daß sie gerade durch diese Verbindung nicht mehr »frohe Botschaft« blieb, sondern zur Handlungsanweisung entartete.

5) Wesen und Auftrag der Kirche

Die Kirche wird in den frühen Schriften Jung-Stillings problemlos als staatliche Einrichtung verstanden. Nie tritt sie als eigenständige geistliche Größe in Erscheinung. Ihre geistliche Sendung verblaßt angesichts ihrer in den Vordergrund gestellten pädagogischen und politischen Sendung. Fortschrittliche Fürsten billigen die volkserzieherische Aufgabe der Kirche und beziehen sie in ihre Reformprogramme ein. So trägt die Kirche die Wesenszüge einer staatlich eingerichteten pädagogisch-moralischen Anstalt. Gottesdienste und Hausandachten haben demzufolge allein als moralisch-volkserzieherische Veranstaltungen eine Berechtigung. Sie sollen die Menschen zu guten Werken motivieren und ihre Kräfte dafür mobilisieren, daß sie sittsame, fleißige Staatsbürger werden. Jung-Stilling bemerkte nicht, daß eine Moralisierung und Politisierung des Gottesdienstes, und wäre sie noch so fromm eingefaßt, zur Säkularisierung der Kirche führen muß. So wie die Kirche in den frühen Schriften Jung-Stillings in Erscheinung tritt, hat sie kein eigenständiges Profil und ist von den Aktivitäten einer menschenfreundlichen Obrigkeit nicht unterscheidbar. Weder gibt es eine selbständige geistliche Bedeutung des Gottesdienstes, noch treibt die Kirche Mission oder Diakonie, und ihr Auftrag, Menschen unter Gebet, Gottes Wort und Sakrament zusammenzuführen, wird in Jung-Stillings frühen Schriften nicht berührt, im Gegenteil: Personen, die solche Anliegen erstrangig verfolgen, werden heftig kritisiert. Für die Theologen ergibt sich von dem moralistisch gedeuteten Grundauftrag der Kirche her folgerichtig der Hauptauftrag, »die Moral Jesu Christi zu beleben«. Diesem erzieherischen Hauptauftrag des Pfarrers sind alle anderen Aufgaben seines Amtes untergeordnet. Ja, bei der Lektüre der frühen Schriften Jung-Stillings drängt sich der Eindruck auf, daß Jung-Stilling in diesen Jahren letztlich auf die Kirche hätte verzichten können.

Denn, genau besehen, ist sie zur Erreichung des »Hauptzwecks« des Menschenlebens nicht erforderlich. Um diejenigen christlichen Impulse zu vermitteln, die zu einer gesunden, auf den »Hauptzweck« hinführenden Gesamtentwicklung des Menschen erforderlich sind, genügt eigentlich die Bibel in der Hand eines frommen und aufgeklärten Erziehers, wie es der Entwicklungsgang aller Helden der frühen Romane zur Genüge illustriert. Sie bedürfen keiner »Gemeinschaft der Heiligen« im Sinne des Neuen Testaments. Der empfindsame Freundschaftsbund, der keinerlei kirchliche Züge trägt, tritt als säkularisiertes Gegenstück an die Stelle der Kirche. Wie weit ließ sich Jung-Stilling auf das aufklärerische Verständnis vom Wesen und vom Auftrag der Kirche ein! Wie nahe kam er damit einer Verbürgerlichung des christlichen Glaubens! Der Heidelberger Katechismus, den Jung-Stilling auswendig kannte, versteht die Kirche als auserwählte Gemeinde, als Leib Christi unter dem ausschließlichen, durch sein Wort und seinen Geist ausgeübten Regiment Christi, als Gemeinschaft derer, die sich zu Christus als ihrem Haupt bekennen. Keines dieser grundlegenden Elemente erscheint im Kirchenbegriff Jung-Stillings. Ebensowenig tritt eine geistlich-theologische Erneuerung der innerlich gefährdeten Kirche seiner Zeit in sein Blickfeld, geschweige denn ein praktischer konkreter Vorschlag zur Reform der Kirche. Und dabei empfand er doch sehr stark die Angriffe gegen die Fundamente des christlichen Glaubens! Er hatte einfach noch keine fundierte Gegenposition gefunden. Statt dessen zeichnet er in einer für die kurpfälzischen Verhältnisse der damaligen Zeit erstaunlichen Harmlosigkeit das harmonische Bild einer Kirche mit großartigen Möglichkeiten einer aktiven Mitgestaltung staatlicher Reformen, während doch Gesellschaft und Kirche unter dem drückenden Regiment Kurfürst Carl Theodors seufzten! Jung-Stillings Hauptinteresse in jenen Jahren galt der obrigkeitlichen Politik, nicht der Gemeinde Jesu Christi. Seine literarische

Bemühung zielte auf fromme, fleißige und wohltätige Staatsbürger, noch nicht auf »lebendige Steine am geistlichen Hause« (1. Petrus 2,5).

So geriet Jung-Stillings Laientheologie, wenn auch nicht massiv, sondern eher fein dosiert und gemildert, so aber letztendlich doch in den Bann der verführerischen Vorstellung, der fromme und aufgeklärte Mensch könne das Ziel der Heilsgeschichte selbst her21führen und die Welt womöglich in ein Paradies verwandeln – eine Vorstellung, die mit großer Anziehungskraft immer wieder in der Geschichte auftaucht. Auch Luther hatte sie energisch abzuwehren und verurteilte sie als menschlichen Selbsterlösungsversuch. Aber breite Ströme der theologischen Arbeit konzentrieren sich auch heute darauf, durch religiöse Motivations- und Argumentationshilfe den Christenglauben zeitgenössischen Weltveränderungsidealen dienstbar zu machen.

Von einer heilsgeschichtlichen Schau Jung-Stillings ist also im Zusammenhang seiner Zukunftskonzeption noch nichts zu erkennen. Er vollzieht vielmehr eine unbiblische Vertauschung des gegenwärtigen und des zukünftigen Äons und eine unhaltbare Säkularisierung biblischer Eschatologie, die sich in eine optimistische Futurologie, d.h. in eine Utopie verwandelt. Aus dem erst durch den wiederkommenden Herrn selbst heraufzuführenden, von der Gemeinde erflehten, bleibenden Reich Gottes in einer erneuerten Welt wird ein geschichtsimmanentes Paradies. Die Eschatologie rückt mit ihrem Hauptgewicht in die Gegenwart und hier wiederum in den sozialen Bereich. Das Eschaton im Sinne eines in der Zukunft erwarteten abschließenden und vollendenden göttlichen Handelns verengt sich auf die Erwartung einer individuellen Belohnung der Tugend im Himmel.

Die biblische Botschaft vom Heil Gottes läßt sich zweifellos nicht auf die innere Beziehung des einzelnen zu Gott begrenzen; denn Gottes Heil zielt auf das Ganze des

Menschseins und auf alle Menschen, auf das Ganze der Erde und des Kosmos. Das Heil Gottes soll gemäß der biblischen Botschaft hier und heute schon von der Gemeinde Jesu Christi und ihren einzelnen Gliedern hinausdringen in die Welt und auch in die weltlichen Institutionen. Aber die Frage ist, was das Reich Gottes seinem Wesen nach sein soll und was es nicht ist, wonach also der Christ am ersten zu trachten hat (Matthäus 6,33), was für ihn letzte und was für ihn vorletzte Dinge zu sein haben. Die Gleichsetzung des Lebensziels des einzelnen Christen und des Endzwecks des Reiches Gottes mit irgendwelchen Zielen irdischer Größen, Ideen und Prozesse ist in der Geschichte zwar immer wieder zu beobachten, sie ist aber ebenso gefährlich wie faszinierend und vom Neuen Testament und von den Bekenntnissen der Reformation her nicht zu verantworten.

Gottes Heilsgeschichte zielt nicht auf die Erreichung verbesserter weltlicher Verhältnisse. Es geht im christlichen Glauben nicht zuerst um die Erreichung irgendwelcher praktischen Ziele und Zwecke, sondern um Gott selbst und um seinen in Jesus Christus geoffenbarten Heilswillen. Die Bibel schweigt nicht zu ungerechten wirtschaftlichen und politischen Verhältnissen und sagt deutliche Worte zum rechten Umgang mit dem Nächsten, mit Hab und Gut und zum Wert und Sinn der Arbeit; sie zeigt, daß Gott auch auf diesen Gebieten anerkannt und erfahren werden will. Aber es ist stets ein Mißbrauch der Bibel, ihre wesentliche Bedeutung in der Festlegung oder Ablehnung bestimmter politischer und wirtschaftlicher Verhältnisse zu sehen. In allen diesen Fällen droht die Gefahr, daß aus dem ›Immanuel‹ der Bibel der ›Gott mit uns‹ eines privaten oder eines kollektiven Götzen gemacht wird. Wann immer individuell-moralische oder politisch-soziale Ziele zur Hauptsache des christlichen Glaubens gemacht werden, kommt es zu einer Veränderung und letzten Endes zu einem Verlust der eigentlichen Hauptanliegen des Neuen

Testaments. Der Mittelpunkt und die Hauptsache des Neuen Testaments ist die Botschaft von dem für uns gekreuzigten und auferstandenen Christus und von der Rettung des Sünders durch den Glauben aus Gnade allein. Der von der Bibel gewiesene und von der Reformation neu entdeckte Heilsweg wurde in der frommen Aufklärung verdeckt. Für die Kirche, die sich einem solchen theologischen Trend anschließt, entsteht dadurch nicht nur ein schmerzlicher Verlust an klaren Konturen, sondern auch ein bedrohlicher Verlust an geistlicher Substanz und Effizienz. Sie kann ihrer Bestimmung zum rettenden Handeln am einzelnen, zur auferbauenden Pflege der Gemeinden und zum diakonischen und missionarischen Handeln an der Welt nicht mehr gerecht werden. Aber selbst dem Staat kann die Kirche nicht in der nötigen Weise dienen, wenn sie ihr Selbstverständnis und ihren Auftrag vor allem innerweltlich definiert. Ist nicht die seit der Aufklärungszeit im allgemeinen so faszinierend wirkende Wesensbestimmung der Kirche als Dienerin der Gesellschaft, wie sie auch Jung-Stilling vorgenommen hat, in Wahrheit der verhängnisvolle Schritt, der zur Bedeutungslosigkeit der Kirche führt? Eine Kirche, die ihrem Auftrag treu bleibt, zum Heil der Menschen zu arbeiten, wird auch dem Wohl der Menschen am besten dienen.

Die fromme Aufklärung wirkte freilich attraktiv durch ihre beeindruckende Weite. Sie begriff sich als wahrhaft friedensstiftend, weil sie das Ganze der Welt und die Einheit der Menschheit im Blick hatte und den Zusammenhalt aller religiös denkenden und sittlich verantwortlichen Menschen förderte. Die fromme Aufklärung verzichtete aus Gründen der Philanthropie auf die reine Lehre und das klar abgegrenzte Bekenntnis und führte damit eine als fortschrittlich empfundene Indifferenz gegenüber den christlichen Konfessionen, sogar gegenüber den Fremdreligionen herbei. Die theologische Konzentration auf das Gottesbild nach dem ersten Glaubensartikel und auf die christliche Moral ermöglichten ihr diese weitherzige Position, die von einer breiten Mehrheit des Volkes geteilt werden konnte, weil sie dem natürlichen Menschen entgegenkommt. Der wesentlich am zweiten und dritten Glaubensartikel orientierte Heilsweg der Reformation, aber auch des Pietismus, dem es nicht primär um ein menschliches Verhalten, sondern um die Person Jesu Christi geht; der damit zwangsläufig die Wahrheitsfrage stellt und Abgrenzungen vollzieht; der unter Christi Herrschaft führen will und die Kirche als seine Gemeinde, ja seinen Leib, versteht; – dieser Weg mußte der Position der frommen Aufklärung gegenüber eng, überholt und fortschrittshemmend erscheinen. Und doch, trotz aller Faszination, die von der frommen Aufklärung ausging und bis in die Gegenwart hinein ausgeht: sie war und ist, geistlich und theologisch gesehen, ein Irrweg.

Der frühe Jung-Stilling hat bestimmte theologische Gefahren der Aufklärung zwar erkannt, wollte ihnen auf keinen Fall erliegen und ist der äußersten Ausprägung der Aufklärung auch tatsächlich nicht erlegen. So kann man seine Theologie auf keinen Fall mit dem Rationalismus der Aufklärung gleichsetzen. Es hat noch nie jemand behauptet, und aufgrund der Quellen wird auch in Zukunft nie jemand ernsthaft behaupten können, Jung-Stilling sei jemals in irgendeiner Phase seines Lebens Rationalist gewesen. Seine Blickrichtung war nie rein diesseitig. Eine autonome, nur noch sich selbst verantwortliche Vernunft lehnte er immer ab. Die von ihm vertretene vernünftige Pädagogik wurde immer durch die Hereinnahme von biblischen und erbaulichen Elementen vertieft und an der »Moral Jesu« ausgerichtet. Er bekannte Christus als das einzige Mittel zur Verwirklichung der moralischen Ideale. Und er betonte, daß die Menschen nur durch Religion in Harmonie miteinander leben können. Seine Bibelkritik trägt keine radikalen Züge, und Wunderkritik übte Jung-Stilling nie. Davor bewahrten ihn seine vielfältigen Erfahrungen mit Gottes wunderbarer Hilfe. Stillings religiöse »Mittel-straße« war ein Weg der Vermittlung, er kann auf keinen Fall der konsequenten Aufklärung zugeordnet werden, aber ebensowenig dem Pietismus. Natürlich hat Jung-Stil-ling nach 1770, seit der Straßburger Zeit, nicht einfach al-les abgestreift, was er einmal aus der Welt des Pietismus aufgenommen hatte. Gewisse Eindrücke und gedankliche Elemente und Verknüpfungen waren ihm geblieben. Insbe-sondere aber hielt er am lebendigen, von ihm immer wie-der erlebten Gott fest im Gegensatz zum gedachten Gott der Philosophen. Was ihn also am Glauben hielt, das wa-ren seine geistlichen Erfahrungen im Gegensatz zu seinen gedanklichen Problemen. Aber die frühen Schriften zei-gen, daß er seine eigene Position damals nicht mehr auf den Boden des Pietismus gegründet hatte.

Wir haben es in den frühen Schriften Jung-Stillings also überall mit dem Kameralisten, nicht mit dem Seelsorger, mit dem Volkspädagogen, nicht mit dem Erwecker, mit dem Staatsutopisten, nicht mit dem »Propheten«, mit dem Hermetiker, nicht aber mit dem Bibeltheologen zu tun. Es ist nicht verwunderlich, daß Jung-Stilling damals in den Kreisen der Freimaurer verkehrte. Mit seinem fromm-auf-klärerischen theologischen Ansatz konnte er aber zum »Patriarchen der Erweckung« nicht werden. Nur eine gründliche Veränderung in seinem Verhältnis zur Heiligen Schrift und eine daraus resultierende Korrektur der ge-nannten theologischen Defizite vermochte ihn zur Erwek-kung zu führen. Jung-Stilling blieb bei der frommen Auf-klärung nicht stehen. Er kehrte sich von ihr allmählich ab und wandte sich der Erweckung zu. Aber wie kam es zu dieser Wende? Welche Faktoren führten sie herbei und welche neuen Inhalte brachte sie mit sich?

8. Professur in Marburg, geistliche Wende und Berufung nach Baden (1787-1803)

In Marburg wurde Jung-Stilling von allen Gliedern der Universität herzlich und freundschaftlich empfangen und aufgenommen. Es war ihm, als käme er »in sein Vaterland und zu seiner Freundschaft« – wie er sich mit deutlichem Anklang an 1. Mose 12,2 ausdrückte –, gewiß auch wegen der Nähe des neuen Wohnortes zu seiner Siegerländer Heimat. Jung-Stilling glaubte fest, die staatswirtschaftliche Professur sei der Beruf, zu dem er von der Wiege an vorbereitet worden sei, und Marburg sei auch der Ort, in dem er sein Lebenswerk vollenden sollte. Darum wollte er auch in seinem Amt alles leisten, was nur in seinen Kräften stand.

Nachdem Jung-Stilling sein Wohnhaus (Hofstadt 11) eingerichtet und sich in der Stadt und im Beruf einigermaßen eingelebt hatte, lud er seinen alten Vater zu sich ein, um ihn nach langen Jahren wiederzusehen. Es kam zu einer herzlichen, rührenden Begegnung, die alle in Jung-Stillings Wohnhaus zur Vorlesung versammelten Studenten tief bewegte.

Am 4. Juli 1787 hielt Jung-Stilling seine Antrittsrede an der Marburger Universität »Über den Ursprung, Fortgang und die Lehrmethode der Staatswirtschaft«. Landgraf Wilhelm IX. von Hessen-Kassel (reg. 1785-1821), der als Landesfürst zugleich Rektor der Landesuniversität war, ehrte Jung-Stilling mit seiner persönlichen Anwesenheit. Jung-Stilling schloß seine Rede mit dem Wunsch, »Marburg müsse für Deutschland das werden, was Athen den Griechen war, und seine Zöglinge müssen Heil und Wahrheit durch die Welt verbreiten. Diese werte Stadt sei gesegnet bis ans Ende der Tage, und jeden, den unsere Mauern umschließen, umsäusle hoher Gottesfriede«. Er schloß mit dem Gebet »Großer Lenker meiner Schicksale, ... stärke

Jung-Stillings Wohnhaus in Marburg (Hofstatt 11)

meine Kräfte, . . . damit ich alle Wünsche meines Fürsten und jedes edlen Patrioten in meinem Teil erfüllen, ja, damit ich allen Erwartungen dieser hochansehnlichen Versammlung entsprechen möge. Meine Worte seien Wahrheit. Ja, Amen!«

Jung-Stillings Vorlesungen fanden zunächst regen Zuspruch. Jung-Stilling war seinen Studenten insbesondere durch die ersten drei Teile seiner »Lebensgeschichte« bekannt, und die Staatswirtschaft war als Studienfach noch begehrt. Jung-Stilling hielt täglich vier bis fünf Vorlesungsstunden! Mit großem Eifer setzte er daneben die lange Reihe seiner – zum Teil sehr umfangreichen – wissenschaftlichen Lehrbücher fort, arbeitete am vierten Band seiner »Lebensgeschichte« (»Häusliches Leben«, 1789) und schrieb darüber hinaus noch viele kleine Abhandlungen. Rastlose Tätigkeit und unermüdliches Wirken prägten seinen Lebensstil. Bei seiner beruflichen und schriftstellerischen Arbeit wurde er oft von Kranken und Hilfesuchenden unterbrochen. Seine augenärztliche Tätigkeit wurde so stark in Anspruch genommen, daß dieser Arbeitsbereich allein einen Mann hätte hauptberuflich beschäftigen können. Einfachere Augenbehandlungen führte er in seinem Wohnhaus aus, Operationen dagegen in Privathäusern oder Gasthäusern, wo die Patienten auch nach der Operation versorgt werden konnten.[11] Da aber viele ärmere Augenkranke, die es zu ihm zog, die finanziellen Mittel für eine private Unterkunft oder ein Zimmer im Gasthaus nicht aufbringen konnten, verabredete Jung-Stilling mit dem reformierten und lutherischen Waisenhaus der Stadt, arme Augenpatienten nach der Operation aufzunehmen. Wenn ein Patient selbst die geringen Unterbringungskosten im Waisenhaus nicht tragen konnte, übernahm Jung-Stilling die Kosten für ihn. Zur finanziellen Sicherung eröffnete Jung-Stilling im Jahr 1790 einen Unterstützungsfonds, in den freiwillige Honorare wohlhabender Patienten, aber auch eigene Autorenhonorare einflossen. Be-

Kameralistische Lehrbücher aus Jung-Stillings Marburger Zeit

scheidene, aber vorbildliche Anfänge der ersten Augenklinik in Marburg! In seinen Ferien machte Jung-Stilling Reisen, um auswärtige Patienten zu versorgen. So wurde er einer der bekanntesten Augenärzte seiner Zeit und gehörte zu den Operateuren, die die meisten Staroperationen durchführten (über 2000!). Im Jahr 1791 veröffentlichte Jung-Stilling sein augenärztliches Lehrbuch »Methode den Grauen Star auszuziehen und zu heilen«, das eine Operationsanleitung in der Kataraktchirurgie enthielt.

Mit Jung-Stillings eigener körperlicher und seelischer Gesundheit stand es oft nicht zum besten. Er schreibt darüber: »Die vielen und schweren Geschäfte und besonders auch ein höchstbeschwerlicher Magenkrampf, der Stilling täglich, und besonders gegen Abend sehr quälte, wirkten den ersten Winter heftig auf sein Gemüt: er verlor seine

Heiterkeit, wurde schwermütig und so weichherzig, daß ihm bei dem geringsten rührenden Vorfall das Weinen unvermeidlich wurde.«

In geistlicher und theologischer Hinsicht gelangte Jung-Stilling aber in diesen Jahren zu der entscheidenden Wende. Er fand zu seiner eigentlichen und endgültigen Haltung und Prägung, durch die er zum »Patriarchen der Erweckung« werden sollte.

Auf seinen Lebensgang zurückblickend, spricht Jung-Stilling im »Schlüssel zum Heimweh« (1796) von vielen »bedauernswürdigen unbeschreiblich leichtsinnigen Abirrungen« seines Lebens, von seiner Bekanntschaft mit »Freigeistern« in Straßburg, die ihn mit ihren »Einwürfen gegen die christliche Religion« in die Knechtschaft des »finsteren fatalen Determinismus«, der Lehre von der kausalen Vorbestimmtheit alles Geschehens, und in einen »inneren schweren Kampf« geführt hätten, der ihn seelisch und geistlich gelähmt habe. Der Determinismus hatte sich »wie ein starker Gewappneter in meine Seele gelagert, der sagte jetzt zu allem, was ich bisher geglaubt hatte, nein! – und ich konnte ihn nicht widerlegen – das heißt: ich konnte ihn nicht hinauskämpfen! Denn alle meine bisherigen Führungen und alles, was mir bisher so überzeugend für mein Herz gewesen war, und wobei sich auch meine Vernunft beruhigt hatte, dabei beruhigte sie sich nun nicht mehr; denn sie glaubte nun das Gegenteil von dem, was ich bisher für wahr gehalten hatte, beweisen zu können. Zwanzig Jahre hab ich mit diesem schrecklichen Feinde gekämpft, ehe ich ihn bezwingen konnte . . .« So lange habe er »ohne gründliche Überzeugung der Wahrheit« gelebt und sei deswegen geistlich unfähig gewesen, sein geplantes Buch über das Christenleben zu schreiben. Die Gotteserfahrungen, die ihn am Glauben hielten, und die in seinen Frühschriften vorgetragenen Argumente für die christliche Religion hätten nicht einmal zur eigenen Glaubensgewißheit ausgereicht, geschweige denn zu einem seelsorgerlichen Buch für andere. Wenn Jung-Stilling wiederholt und betont von dem »Riesen Determinismus« spricht, der ihn in so langer, schwerer Gefangenschaft gehalten und ihm »die ganze Wonne der Religion zum täuschenden Dunstbild« verwandelt habe, so griff er damit höchstwahrscheinlich auf die ihm von Kindheit an vertraute »Pilgerreise« John Bunyans (1678) zurück: Dort kam ›Christ‹ auf seinem Weg zum Himmel eines Tages vom rechten Weg ab; er schlief auf der ›Abwegswiese‹ ein, wurde dann vom ›Riesen Verzweiflung‹ unsanft geweckt, auf die ›Zweifelsburg‹ geschleppt und dort lange festgehalten. Ein deutliches Bild für sein Abweichen vom rechten Wege und für dessen Folgen!

Im »Heimweh«-Roman (1794-96) sollte es Jung-Stilling schließlich gelingen, seinen jahrzehntelangen Wunsch nach der Abfassung eines »Bunyan-Buches« zu verwirklichen und »die Reise eines Christen nach der seligen Ewigkeit« zu beschreiben. In der Gestalt des Romanhelden »Eugenius« finden wir, wie in den frühen Romanen, noch einmal Jung-Stillings eigenen Weg nachgestaltet. Die Tatsache, daß »Eugenius« seinen Weg lange Zeit ohne Glaubensgewißheit geht und erst sehr spät zur Erkenntnis der in einer »wüsten, kaum zugänglichen Einöde« verborgenen »alten evangelischen Glaubenslehre« und zu ihrem innersten Anliegen gelangt, enthält das Bekenntnis Jung-Stillings zu seiner späten geistlichen Wende. Kaum verhüllt, spricht Jung-Stilling hier von sich selbst: »Eugenius hätte nun freilich alle die schweren Prüfungen ... wohl vermeiden können, wenn er nur ... seinen geraden Weg verfolgt hätte«; die Aufklärungsphilosophie brachte ihm unüberwindliche Probleme, »er konnte sich diese Knoten nicht lösen, und wollte also aus der Quelle schöpfen; er rang nach Gewißheit und suchte sie da, wo der Zweifel zu Hause ist...«; daher geriet er in »Vergehungen und Abweichungen«, so daß sich sein Glaube oft nur noch mühsam auf den »bloßen Gedanken, Gott ist Vater! – und ich bin sein Kind!« stützen konnte. Im gleichen Sinn äußerte sich Jung-Stilling einige Jahre später in seinen »Lehrjahren« und in seinem »Rückblick«: Gott habe ihn über viele Jahre hin »von allen Sophistereien« reinigen, habe »gar vieles« an ihm »wegpolieren«, ihn in der »Schule der Leiden« üben und von »unendlich vielen Abwegen«, auf denen er »schwärmte oder irrte«, zurückholen müssen, ehe er ihn »brauchen konnte«.

Etwa vom Jahr 1789 an zeichnet sich eine allmähliche, grundlegende Veränderung in Jung-Stillings Denken und Leben ab. Die ihn bis dahin bestimmenden, aus seinen Glaubensanfechtungen entstandenen Faktoren, der Kompromißcharakter seiner Theologie, die Verengung seiner Glaubensbasis und die säkulare Zielsetzung seiner Arbeit, wurden entscheidend korrigiert. Es handelt sich dabei um keine spontane Kehrtwendung, sondern um einen langsamen Prozeß, von dem Jung-Stilling sagt: ». . . es gingen Veränderungen in und außer ihm vor, die seinem ganzen Wesen eine sehr bedeutende Richtung gaben und ihn zu seiner wahren Bestimmung vorbereiteten«; »nun fing ein neuer Lebensgang an, der sich nach und nach von allen vorigen unterschied, und Stilling seiner eigentlichen Bestimmung näher brachte«; »ich ward von der Zeit an ein ganz anderer Mensch . . . Zu nichts habe ich Lust, als zum einen, das not ist, ganz für den Herrn zu leben und zu sterben.« Die Stationen und Wirkungen dieses Veränderungsprozesses lassen sich deutlich aufzeigen.

Unter den Stationen der Wende sind zunächst zwei Begegnungen zu nennen, die eine gewisse vorbereitende Hilfe darstellen, an erster Stelle Jung-Stillings Bekanntschaft mit der frommen Familie des Theologieprofessors Johann Franz Coing (1725-1792). Sie war die erste, welche Jung-Stilling und seiner Familie in Marburg die Freundschaft anbot. J.F. Coing hatte eine Abhandlung über die »Lehre von der Gottheit Christi« geschrieben und darin die orthodoxe Lehre von der Trinität, von der Gottheit Christi, von dem Opfertod Christi und von der Rechtfertigung gegen zeitgenössische Kritiker verteidigt. Er war der Überzeugung, daß die Wahrheit des christlichen Glaubens durch alle Zeiten hindurch dieselbe ist und sein muß, wenn sie auch in einem jeden Zeitalter »ihren besonderen Vortrag« hat. Jung-Stilling konnte also in theologischer Hinsicht im Hause Coing gerade in Fragen der Christologie, in der er selbst gravierende Defizite hatte, Hilfe bekommen. Und so geschah es auch, aber noch nicht endgültig.

Eine weitere hilfreiche Begegnung hatte Jung-Stilling im Frühjahr 1788, als er mit seiner Frau eine Reise zu Verwandten nach Franken und Schwaben unternahm. Im Pfarrhaus von Dorfkemmathen bei Dinkelsbühl verbrachten sie »einige selige Tage« bei Selmas Schwester Sophie und deren Mann, dem Pfarrer Jakob Albrecht Hohbach (1748-1813), der im Gegensatz zu den meisten seiner Zeitgenossen im biblischen Christentum fest gegründet war. So dürfen wir annehmen, daß Jung-Stilling, der zu jener Zeit immer noch mit einer starken Verunsicherung im »biblischen Christentum« zu kämpfen hatte, in jenen »seligen Tagen« gerade darin bei seinem etwas jüngeren Schwager Unterstützung fand. Die entscheidende, die Wende wirklich heraufführende Hilfe war dies jedoch auch noch nicht.

Nach seiner Rückkehr nach Marburg lernte Jung-Stilling vielmehr einen jungen, rationalistisch geprägten Theologen, den Freimaurer Karl Kröber, kennen, der dort als Hofmeister zwei junge Grafen von Stolberg bei ihrem Studium begleitete. Jung-Stilling geriet stark unter seinen Einfluß. Etwa ein Jahr lang flößte ihm Kröber »eine Menge Ideen« ein, die ihn noch einmal kräftig in die aufklärerische Richtung zogen und die ihn schließlich durchaus zum Atheismus, letztlich aber zum »Widerchristentum« hätten führen können, »ohne daß er es merkte«! Erst später gingen ihm die Augen für diese geistlich bedrohliche Lage auf. Jung-Stilling versichert in der »Lebensgeschichte«, daß er sich trotz des betörenden Einflusses von Kröber nicht habe zum »Widerchristentum« bewegen lassen, fügt aber hinzu: »indessen war das doch schon arg genug, daß ihm der versöhnende Opfertod Jesu anfing eine orientalische Ausschmückung des sittlichen Verdienstes Christi um die Menschheit zu sein. Raschmann (= Kröber) wußte dies mit so viel Wärme und Ehrerbietung gegen den Erlöser und mit einer so scheinbaren Liebe gegen ihn vorzutragen, daß Stilling anfing überzeugt zu werden.«

Karl Kröber stieß bei dem unter dem »Riesen Determinismus« leidenden, in seinem Glauben irritierten und den Kurs der frommen Aufklärung verfolgenden Jung-Stilling auf vorbereiteten Boden. Mag Jung-Stilling auch, wie er beteuert, durch seine »religiösen Begriffe« vor einem regelrechten »Abfall« bewahrt worden sein: in seinen tatsächlich vorgetragenen theologischen Anschauungen hatte er sich schon die ganze vergangene Zeit hindurch auf eine Position zubewegt, wie sie Karl Kröber, freilich entschlossener und konsequenter als Jung-Stilling, vertrat. Nur so ist es zu verstehen, daß Jung-Stilling einen geistlich so gefährlichen Kurs, wie ihn Karl Kröber steuerte, über ein Jahr lang trotz aller seiner früheren Erfahrungen, trotz aller Hilfen im Hause Coing und trotz des »biblischen Christentums« im Pfarrhaus Hohbach gar nicht wahrnahm. Da öffnete ihm schließlich Pfarrer Georg Ludwig Sartorius in Rüsselsheim die Augen.

Doch bevor es zu dieser Begegnung kam, erhielt Jung-Stilling einen anderen Anstoß. Viele Jahre hindurch hatte er sich gründlich mit der Leibniz-Wolffschen Philosophie auseinandergesetzt. Er empfand von Anfang an, daß dieses philosophische System »alle kindlichen Empfindungen des Herzens gegen Gott« erstickte. In Jung-Stillings Hauptwerk, dem Roman »Heimweh«, tritt als die Hauptfeindin des Christen und der Christenheit die »Frau von Traun auf Bileniz« auf (»Bileniz« = Buchstabenumstellung für Leibniz!). Sie vertritt ein philosophisches System, dessen einziger subjektiver Erkenntnisgrund die Natur (»Traun« =

Buchstabenumstellung für Natur) ist, ein System, das in dem Haus wohnt, das Leibniz und Wolff gezimmert haben. »Frau von Traun« ist eine »ausgeartete Tochter« von Leibniz. Mit ihr hat Eugenius, der Held des »Heimweh«-Romans, in dem zunächst einmal Jung-Stilling selbst zu sehen ist, den Hauptkampf seines Lebens zu kämpfen und mit ihr zugleich auch mit ihrem ›Vater‹. Eugenius ist aber lange Zeit unfähig, seine Feindin zu besiegen, bis er im Rahmen der »ägyptischen Proben« mit Hilfe der Kantschen Philosophie zu ihrer Überwindung fähig wird. Im Winterhalbjahr 1788/89 beschäftigte sich Jung-Stilling, angeregt durch seinen Freund Mieg aus Heidelberg, mit Kants »Kritik der reinen Vernunft«. Jung-Stilling sah in Kants Philosophie unwiderlegbar bewiesen, »daß die menschliche Vernunft außer den Grenzen der Sinnenwelt ganz und gar nichts weiß – daß sie in übersinnlichen Dingen allemal – so oft sie aus ihren eigenen Prinzipien urteilt und schließt – auf Widersprüche stößt, das ist: sich selbst widerspricht . . .«; m.a.W.: Jung-Stilling fand in Kants Philosophie den Beweis dafür, daß der Mensch mit den Kategorien und dem logisch-deduktiven Verfahren seiner Vernunft nur Erkenntnisse innerhalb von Raum und Zeit gewinnen kann, daß sich infolgedessen die göttlichen, ewigen Dinge dem Zugriff der Vernunft entziehen und demnach das dem Determinismus zugrundeliegende philosophische Gottesbild, das ihm so zu schaffen gemacht hatte, letztlich unzureichend ist. Das war für ihn, wie er immer wieder betont, eine ungemein befreiende Erkenntnis, die ihm in entscheidender Weise zur Überwindung der zwanzigjährigen Zweifel an der Autorität der Heiligen Schrift verhalf, die durch die deterministische Aufklärungsphilosophie mit ihrem Absolutheitsanspruch der Vernunft ausgelöst worden waren. Damit waren aber kennzeichnenderweise seine tieferen theologischen Probleme noch nicht gelöst. Trotz der durch die Kant-Lektüre entstandenen großen inneren Entlastungen nahm Karl Kröbers Einfluß auf Jung-Stil-

119

lings religiöses Denken für eine Weile sogar noch zu! Der innerste, Jung-Stillings geistliches Denken und Leben korrigierende, seine Wende bestimmende Faktor war auch die Kant-Lektüre noch nicht.

Vollends entscheidend war hingegen, was Jung-Stilling im Herbst 1789 im Rüsselsheimer Pfarrhaus im Gespräch mit Pfarrer Sartorius erlebte. Georg Ludwig Sartorius, Sohn des Pfarrers Johann Daniel Sartorius, 1720 in Egelsbach geboren, hatte seine theologischen Studien in Halle absolviert und wurde dort pietistisch geprägt. Von 1747 bis 1750 war er Rektor in Wallau, von 1750 bis 1770 Pfarrer in Gräfenhausen bei Darmstadt. Er suchte dort unter großem Einsatz die verwahrlosten kirchlichen und schulischen Verhältnisse zu ordnen und die Gemeinde aufzubauen. Jedoch hatte er unter Starrsinn, Widerstand und persönlichen Angriffen – bis hin zu einem Überfall im Pfarrhaus – viel zu leiden. Als er z.B. an den Sonntagnachmittagen des Winterhalbjahres eine Art Kindergottesdienst von jeweils einer halben Stunde einführen wollte, stellten sich die Eltern dagegen: »es wäre vorher nicht gewesen, und sei zu lang«. Über seine Predigten führte die Gemeinde Klage: »wenn ich ihnen den Weg der Buße und des Glaubens predige, und den Unbekehrten in ihrem Zustand die Seligkeit abspreche, so klagen sie, ich wollte sie verdammen«. Sein Hauptwidersacher, der örtliche Schulmeister, attackierte ihn mit dem Vorwurf, er sei »ein Mann von einem verfluchten pietistischen Glauben«.

Von 1770 bis zu seinem Tod am 4. September 1793 wirkte Sartorius als Pfarrer in Rüsselsheim. Er verfolgte die rationalistischen Tendenzen in der Theologie mit Sorge und wünschte »von Herzen, daß doch künftig keiner mehr dergleichen Gelichters unser hessisches Zion, es sei zu Gießen oder sonstwo, verwirren und vergiften möge«. Seine Frau erblindete eines Tages am Star, und Jung-Stilling sollte ihr im Herbst 1789 durch eine Augenoperation helfen. Auf seiner Reise von Marburg über Frankfurt/Main nach

Neuwied machte Jung-Stilling daher einen Abstecher nach Rüsselsheim, operierte Frau Sartorius und verlebte »neun vergnügte Tage bei dieser christlichen Familie«. Neun Tage, deren Gott sich offenkundig bediente, um Jung-Stilling in seiner geistlich-theologischen Haltung zurechtzubringen und für seine eigentliche Lebensaufgabe geschickt zu machen. Pfarrer Sartorius hielt sich gegenüber seinem Gast und Wohltäter, dem weithin bekannten und gelehrten Schriftsteller, nicht zurück. Er beließ es nicht bei höflichen, vordergründigen und unverbindlichen Redewendungen, sondern führte mit Jung-Stilling theologische Gespräche und lenkte sie zielstrebig, als ob er genau die Stelle entdeckt hätte, an der Jung-Stilling krankte, auf das Thema der Versöhnungslehre und der Rechtfertigungslehre. Jung-Stilling hatte verständlicherweise von sich aus diesen Gesprächsgegenstand nicht gesucht und war mit Pfarrer Sartorius durchaus nicht einer Meinung. Aber im Verlauf dieses Gesprächs gingen ihm die Augen auf: er entdeckte, wie weit er schon abgekommen war, ja, er erwischte sich »in Ansehung der Versöhnungslehre auf dem fahlen Pferd«, wie er später gestand. Das »fahle Pferd« wird in der Vision von den sieben Siegeln in der Offenbarung des Johannes erwähnt (Offenbarung 6,8); es wird vom Tod, einem der apokalyptischen Reiter, geritten, der das Heer der Hölle anführt. Jung-Stilling gebraucht damit ein sehr drastisches Bild, um seine theologische Abweichung zu beschreiben; er muß sie unter dem Eindruck des Gesprächs mit Pfarrer Sartorius in geistlicher Hinsicht als lebensgefährlich empfunden haben. Er muß aber auch die seelsorgerliche Hilfe durch Pfarrer Sartorius als tiefgreifend und entscheidend erlebt haben, wenn er im Rückblick auf die Gespräche voll Dankbarkeit bekennt: »Der gute Hirte holte ihn um und leitete ihn wieder auf den rechten Weg . . . Hier begann also seine Rückkehr.« Die Seelsorge, die Jung-Stilling von Pfarrer Sartorius empfing, sollte in Jung-Stillings späterem Dienst für die Erweckung vielfältige Frucht bringen. Wie gut, daß hier ein Diener des Evangeliums tapfer und entschieden seine so unzeitgemäße, scheinbar doch längst überholte Auffassung vertrat –!

Wenige Tage nach den Gesprächen im Rüsselsheimer Pfarrhaus gelangte Jung-Stilling an seinen Zielort Neuwied, um hier ebenfalls einige Augenoperationen durchzuführen. In Neuwied, einem religiös nach jeder Richtung aufgeschlossenen Ort, gab es auch eine Herrnhuter Brüdergemeine. Jung-Stilling hatte sich schon immer für Nachrichten aus der Arbeit der Herrnhuter Brüdergemeine im In- und Ausland interessiert. Zinzendorfs Theologie und die der Herrnhuter waren ihm bekannt. Ihren weltweiten Einsatz für Christus kannte und schätzte er. Er hatte jedoch viele Vorurteile gegen die Herrnhuter, und an ihrer Theologie übte er fundamentale Kritik. Nun lernte er zum ersten Mal in seinem Leben eine Brüdergemeine kennen, indem er ihren Gottesdienst besuchte. Er hörte dort eine »herrliche Predigt« des Pfarrers Jacques Christoph Duvernoy (1740-1808), die ihn stark berührte und die in Rüsselsheim empfangenen Eindrücke noch vertieft haben dürfte. Duvernoy, mit elf Jahren, wie er selbst schreibt, »vom Heiland kräftig angefaßt«, blieb danach – die von einem Kind getroffene Entscheidung kann durchaus dauerhaft sein! – sein Leben lang treu in der Nachfolge Christi. Im Jahr 1785 war er als Inspektor der Brüdergemeine-Schulen nach Neuwied gekommen. Er starb als Mitglied der Unitäts Ältesten Konferenz am 22. November 1808 in Berthelsdorf. Handschriftlich erhaltene Predigten vermitteln uns einen lebendigen Eindruck von der christozentrischen, missionarisch-erwecklichen und glaubensstärkenden Predigtweise Duvernoys: Die »Liebe Gottes gegen die Menschen und den Beweis dieser Liebe« können wir »mit unserer Vernunft nicht erreichen ... Aber wir sollen ihn auch nicht ergründen, diesen Abgrund der seligen Liebe, in Jesu Christo aufgetan ... Ein Mensch, der diesen Glauben noch nicht hat, der aber wünscht: ›Ja hätt ich ihn! ...‹ – Ein

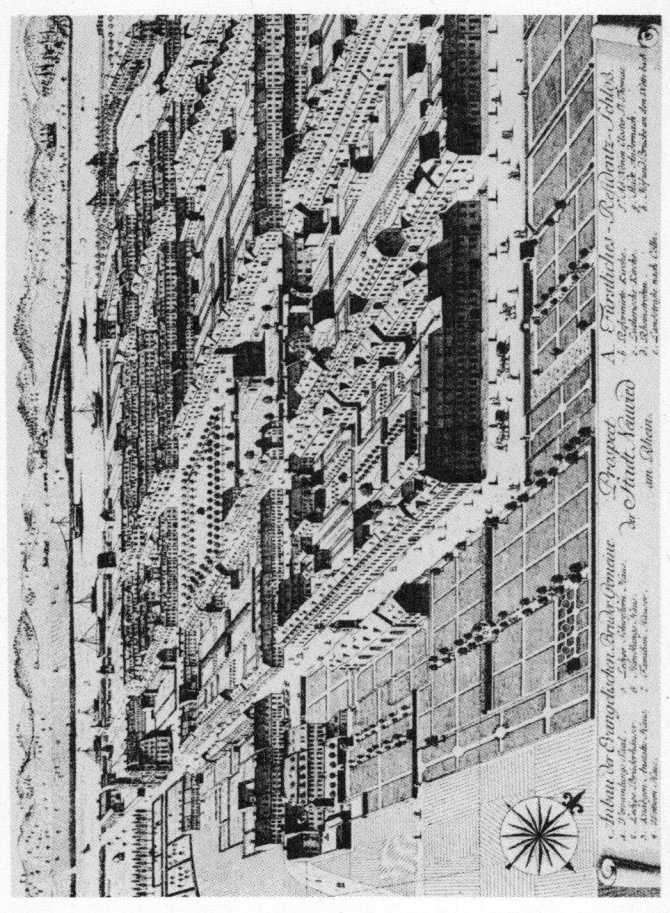

Neuwied am Rhein. Kupferstich aus dem Jahre 1784

solcher Mensch sieht schon in dem Verlangen ... einen
Schimmer von himmlischem Licht ... Es ist aber mit der
Zukunft des Sohnes Gottes im Fleisch, mit seiner Mensch-
werdung, seinem Leben, Leiden und Sterben die Quelle al-

123

ler Segen und aller Seligkeit für alle geöffnet. O daß nun jegliches Geschlecht, o daß nun ein jegliches von uns sich's recht zu Nutze machen möchte, was er uns dadurch erworben hat! O möchten wir alle aus dieser unerschöpflichen Quelle Gnade um Gnade nehmen und alles was zum Leben und göttlichen Wandel dient!« ». . . man muß wirklich seinen Anteil am Opfer Jesu bekommen und das Recht der Kindschaft erlangt haben. Das macht einen erst zu einem wahren und lebendigen Gliede am Leibe Jesu . . .« Eine Predigt dieser »unzeitgemäßen« Art hörte Jung-Stilling in Neuwied! Neben dem persönlichen, direkten Gewinn unter der »herrlichen Predigt« Duvernoys hatte diese erste Begegnung Jung-Stillings mit einer Brüdergemeine auch noch den wichtigen zweiten Effekt: Sie »brachte ihn der Brüdergemeine näher«. Die bis dahin gegen die Brüdergemeine gehegten vielen Vorurteile legte er nunmehr ab. Einige Jahre später wurde Jung-Stilling durch seinen »Heimweh«-Roman in der Brüdergemeine allgemein bekannt und beliebt. Jung-Stilling erkannte in den folgenden Jahren in der Brüdergemeine eine für den Bau des Reiches Gottes wichtige Pflanzstätte und eine modellhafte Anstalt. Durch Korrespondenzen und persönliche Kontakte wurde sein Verhältnis zur Brüdergemeine noch verstärkt.

Als Jung-Stilling von Neuwied wieder nach Marburg zurückkehrte, traf er seine Frau krank an. Sie erholte sich zwar wieder kurzfristig, starb jedoch im darauffolgenden Frühjahr (23. Mai 1790) im Wochenbett. Jung-Stilling war tief erschüttert. Und doch erlebte er, daß sein Glaube durch diese schwere Führung vertieft wurde. Ein halbes Jahr später (19. November 1790) heiratete er, dem letzten Willen seiner verstorbenen Frau entsprechend, deren Freundin Elise Coing. So wurde er mit der bisher befreundeten Familie verwandtschaftlich verbunden, und ihr Einfluß half ihm dazu, daß er in der Versöhnungslehre noch weit gegründeter als vorher wurde. An dieser Stelle hatte Jung-Stillings Theologie in den vergangenen Jahren ihre entscheidenden Mängel und Schwächen, und eben an dieser Stelle erlebte er nun eine mehrfache Korrektur und Vertiefung.

Im Herbst 1792 erfuhr Jung-Stilling vom Einfall der Franzosen in die Pfalz. »Diese Nachricht fuhr wie ein elektrischer Schlag durch Stillings ganze Existenz.« Zu den Wirkungen, die diese Nachricht in ihm auslöste, zählte er vor allem die Erkenntnis, daß es letztlich die Aufklärungsphilosophie war, welche die Französische Revolution und ihre grausamen Begleiterscheinungen und Folgen verursacht hatte. Er sah darin den »großen, letzten Kampf zwischen Licht und Finsternis« näherkommen. Von da aus gelangte er zur Verurteilung des »Weges der Akkomodation« an die Aufklärung, den die jüngere deutsche Theologie eingeschlagen hatte. Und dieser Weg zeigte sich ihm als der Versuch eines Friedensschlusses »zwischen Christo und Belial«, als ein unmögliches und höchst gefährliches »Christo-Belialsches System«. Mit diesem System wollte er nichts, aber auch gar nichts mehr zu tun haben, selbst wenn er darüber noch so einsam würde. Von eigenen Kompromissen, die er je eingegangen war, wollte er sich radikal trennen und nun mit ganzer Entschiedenheit für Christus und gegen Belial und das »Christo-Belialsche System« kämpfen.

Ausdrücklich bemerkte er dazu: »Hier fängt nun Stillings wichtigste Lebensperiode an.« Aus dem frommen Aufklärer wurde ein Vorkämpfer der Erweckung. Das literarische Ergebnis und zugleich das Dokument dieser Wende, das die letzte und entscheidende Lebensphase Jung-Stillings eröffnete, war sein Roman »Das Heimweh« (1795-1796). Dieser Roman kommt einer Programmschrift der Erweckung in Deutschland gleich. Jung-Stillings weitere erweckliche Schriftstellerei schließt sich dem »Heimweh« an; sie entfaltet und vertieft die bereits hier behandelten Themen und zeigt die geistlichen und theologischen Wirkungen der Wende Jung-Stillings an.

Jung-Stillings Familie stand fest zusammen, konnte auch fröhlich feiern, hatte jedoch viele Lasten zu tragen. Der kleine Franz, nach dessen Geburt seine Mutter Selma im Mai 1790 verstorben war, folgte seiner Mutter bereits im März 1791 im Tode nach. Jung-Stillings Schwiegermutter, Mutter Coing, die Selma noch aufopfernd gepflegt hatte, verstarb Ende März 1791. Den inzwischen siebzehnjährigen Sohn Jakob aus Jung-Stillings erster Ehe, der bis dahin von Pfarrer Grimm in Schluchtern bei Heilbronn erzogen worden war, holte Jung-Stilling zu sich. Auch seine fünfjährige Tochter aus zweiter Ehe, Lisette, welche gemäß der Anordnung ihrer Mutter bei Familie Mieg in Heidelberg untergebracht worden war, gedachte er wieder zu sich zu nehmen. Frau Mieg, die keine eigenen Kinder hatte, fühlte sich aber inzwischen so stark mit Lisette verbunden, daß sie das Kind nicht mehr hergeben wollte. Schweren Herzens überließ ihr Jung-Stilling seine Tochter. Er konnte es aber später bezeugen, daß Lisette durch Frau Mieg »vortrefflich erzogen und gebildet, und … zur Gottesfurcht und zu einem christlichen Sinn angehalten« wurde. Ganze zehn Jahre vergingen danach, bis Jung-Stilling seine Lisette im Frühjahr 1801 in Heidelberg wiedersah. Der Tod des 15jährigen Mädchens am 1. Januar 1802 stürzte die Pflegeeltern Mieg in tiefe Wehmut. Jung-Stilling, inzwischen zu einer veränderten geistlichen Haltung gelangt, tröstete sich und sie: »Jesus Christus, der in allem versucht worden ist so wie wir, sende Ihnen Trost und Beruhigung durch seinen Geist!«

Im Herbst 1791 kam Lubecka, das erste Kind aus der dritten Ehe, zur Welt. Sie starb bereits im Februar 1793. Im Frühjahr 1792 heiratete Jung-Stillings älteste Tochter Hanna den Pfarrer Friedrich Heinrich Christian Schwarz (1766-1837), der später in Heidelberg (seit 1804) als Theologieprofessor große Bedeutung erlangen sollte. Im gleichen Jahr 1792 starb überraschend Jung-Stillings Schwiegervater Coing, mit dem er innig verbunden war. Weitere

Todesfälle in der Verwandtschaft und Bekanntschaft ließen die Trauer im Hause Jung nicht enden. Seit Frühjahr 1793 litt Elise Jung unter einer Körperkrümmung, die sie trotz aller ärztlichen Bemühungen bis zum Lebensende zu ertragen hatte und auch geduldig ertrug. Drei Kinder wurden dem Ehepaar noch geschenkt: Friedrich (1795-1853), dessen Erziehung seinem Vater später Schwierigkeiten bereitete, Amalie (1796-1860) und Christine (1799-1869).

Jung-Stillings Vater lebte in Kredenbach bei Siegen in bitterer Armut, die er allerdings vor seinem berühmten Sohn in Marburg verbarg, nachdem er früher oft betont hatte, er wolle sich nie von einem seiner Kinder unterstützen lassen; auch hatte er seinem Sohn wegen dessen Schuldenlast häufig bitterste Vorwürfe gemacht. Jung-Stilling hingegen sandte ihm von Marburg aus Geld und Lebensmittel zu. Und als der Vater nach dem Tod seiner zweiten Frau vollends in Verwahrlosung geriet und einer ständigen Pflege bedurfte, holte ihn Jung-Stilling zu sich nach Marburg (Sommer 1796). Seine Frau übernahm zunächst allein die äußerst schwierige Pflege an dem siechen Schwiegervater, der »voller eiternder und fauler Geschwüre« war und dessen Verstand sich immer mehr verdunkelte, bis er im September 1802 in Jung-Stillings Haus verstarb.

Ein herausragendes Erlebnis in diesen Jahren war für Jung-Stilling der Besuch Lavaters im Juli 1793 auf seiner Rückreise von Kopenhagen nach Zürich. Fast zwanzig Jahre war es her, seitdem sich die beiden Männer in Elberfeld das erste und einzige Mal gesehen hatten. Ihre über ein Jahrzehnt unterbrochene Korrespondenz war gerade ein Jahr zuvor wieder in Gang gekommen. Jung-Stilling nahm jetzt die Gelegenheit wahr, viele wichtige, ihm auf dem Herzen brennende Themen mit dem »großen Zeugen der Wahrheit von Jesu Christo«, wie er Lavater anerkennend bezeichnete, zu erörtern. In Marburg erregte Lavaters Besuch großes Aufsehen. Viele Menschen standen dicht gedrängt vor Jung-Stillings Haus, um einen Blick auf den berühmten schweizerischen Theologen zu werfen. Lavater und Jung-Stilling knüpften bei diesem Zusammensein das Band herzlicher Bruderschaft: »Sie stärkten sich einer am andern und beschlossen, sich weder durch Tod noch durch Leben, weder durch Schmach noch durch Schande von dem jetzt so verachteten und gehaßten Christus abwendig zu machen.« Bei aller Meinungsverschiedenheit in einzelnen Punkten blieb ihre Bruderschaft von nun an ungetrübt und unerschüttert. Jung-Stilling schrieb später: »Beide lebten und wirkten für den Herrn und sein Reich.« Nachdem Lavater am 2. Januar 1801 an den Folgen einer Schußverletzung gestorben war, die ihm ein Soldat der Revolutionstruppen beigebracht hatte, verfaßte Jung-Stilling das Gedicht »Lavaters Verklärung«. Darin heißt es:

»Tausende folgen zur Fahne des Königs
dem Christusverehrer –
Christusverehrer ist er – so liebend, wie Simon Johanna;
Tod für Jesus Christus – und Tod für's Vaterland
ist ihm immer der größte Gedank' – und Bruder!
Jetzt stirbt er für beide –
Lavater stirbt – den erhabensten Tod,
an der Vaterlandswunde, –
... Wo ist ein Wesen, das Christum liebt,
wie Lavater liebet? –
... Glaubt und hofft,
glaubt immer und hofft und liebt wie sein Heiland.
Will seinen Mörder in allen Welten erforschen,
ihm sagen:
›Dank für die Wunde, die Glauben,
Vertrauen und Dulden mich lehrte.‹
Ist in der Demut und Sanftmut der Erste,
im Unmut der Letzte.
Gleich einem Lamme zur Schlachtbank geführt
im Schweigen und Leiden,
möchte zu jedes Füßen sich schmiegen,
die Hände ihm küssen.

Immer vorwärts ringt sein Geist und immer geschäftig,
streut er köstlichen Samen
für künftige Christusverehrer ...«
Jung-Stilling verstand Lavaters Tod als Signal für seinen eigenen weiteren Weg und Auftrag.

Noch immer quälten Jung-Stilling auch in Marburg seine alten hohen Schulden. Aus dieser Not befreite ihn jedoch im Frühjahr 1801 auf seiner ersten Reise in die Schweiz eine wohlhabende Augenpatientin, die ihm, ohne die geringste Ahnung von seinen Schulden zu haben, exakt den ihm fehlenden Betrag zukommen ließ. So hat Jung-Stilling ja immer wieder Gottes »allerspeziellste Vorsorge und Führung so ganz augenscheinlich« erlebt. Aber wirtschaftliche Sorgen begleiteten ihn trotzdem auch weiterhin. Er hatte Mühe, seinen im Jahr 1801 auf vierzehn Personen angewachsenen Haushalt durchzubringen und den vielen freiwilligen sozialen Verpflichtungen nachzukommen. Die dreifache volle Arbeitslast als Professor, Augenarzt und Schriftsteller ging langsam über seine Kräfte. Seine Korrespondenz und Briefseelsorge nahm nach Erscheinen seines »Heimweh«-Romans beständig zu. Dieses Buch machte ihn weit und breit als »Patriarch der Erweckung« bekannt. Viele wurden durch die Lektüre dieses Buches gesegnet, viele wurden zu Rückfragen und zum Gedankenaustausch angeregt. Im Jahr 1799 erhielt Jung-Stilling 680 Briefe, im Jahr 1803 sogar 827! Seine Korrespondenz erstreckte sich im Norden bis nach Bremen, im Süden bis nach Bern und im Osten bis nach Dresden und Herrnhut. In seinem Briefwechsel erblickte er ein vorzügliches Mittel zur Ausbreitung des Reiches Gottes. Dementsprechend hoch war sein Einsatz an Zeit und Kraft und Geld. »Ich schreibe mich matt und müde an Briefen und werde doch nicht fertig«, klagte er im Januar 1802. Viele Menschen kamen in sein Haus zu Besuch, viele andere erwarteten seinen Besuch in der Nähe und in der Ferne.

Jung-Stillings Lehrtätigkeit in Marburg war zunehmen-

AUGUSTUS.

Sonn. Aufg. 5 Uhr 2 Min.
Unterg. 6 Uhr 58 Min.

35. Ev. Luc. 17, 11-19. | Ep. Gal. 5, 16-24.

☉ Sonnt. 25. 14 Trinitat.

☾ Mont. 26. Gottlieb

♂ Dienst. 27. Gebhard

☿ Mttw. 28. Augustin

Seite aus Jung-Stillings geheimem Tagebuch des Jahres 1799

130

den Belastungen ausgesetzt. Infolge der Kriegsereignisse sank die Studentenzahl, und das Interesse am staatswirtschaftlichen Studium nahm ab. So wurde Jung-Stillings Auditorium immer kleiner, bis er um 1802 oft nur noch zwei bis drei Zuhörer hatte. Das machte ihm ungeheuer zu schaffen. Die allgemeine Stimmung unter der Studentenschaft wandte sich gegen ihn. Der »Revolutionsgeist« war unter den Studenten herrschend geworden, – Grundsätze und Gesinnungen, die Jung-Stillings Auffassungen entgegenstanden. »Und die herrschende Denkungsart ließ ihm keinen Schimmer von Hoffnung übrig, daß er fernerhin durch seine staatswirtschaftlichen Grundsätze Nutzen stiften würde . . .; der damalige Geist der Zeit, der mit dem Terrorismus in Frankreich zusammenhing, schnaubte Mord und Tod, und die Studenten lebten im revolutionären Sinn und Taumel.«

Um so mehr verspürte Jung-Stilling die Verpflichtung, »dem Herrn und seinem Reich ganz allein und aus allen seinen Kräften« zu dienen. So reifte in ihm die klare Erkenntnis, daß das akademische Lehramt der Staatswirtschaft seine »endgültige Bestimmung« noch nicht gewesen war.

Um dieselbe Zeit, in der nun Jung-Stilling innerlich auf eine nochmalige große Veränderung vorbereitet wurde, zeichnete sich auch deren Realisierungsmöglichkeit immer deutlicher ab, und zwar durch Jung-Stillings Verbindung mit Markgraf Karl Friedrich von Baden.

Karl Friedrich von Baden (1728-1811), Enkel des Markgrafen Karl Wilhelm (1679-1738), des Gründers der Stadt Karlsruhe (1715), war von seiner frommen Großmutter Magdalene Wilhelmine (1677-1742) in der Durlacher Karlsburg religiös erzogen worden. Er hatte im Jahr 1746 achtzehnjährig die Regierung angetreten, in deren Verlauf sein Land zum weithin gerühmten »Musterland« werden sollte. Bei der vielbeachteten Aufhebung der Leibeigenschaft in Baden (1783) sagte er, er wolle »ein freies, opulen-

Karl Friedrich von Baden (1728–1811)

tes (d.i. wohlhabendes), gesittetes, christliches Volk regieren«. Die berühmtesten Schriftsteller Deutschlands ver-
ehrten ihn, einige – z.B. Klopstock, Herder und Goethe –
weilten als Gäste an seinem Hof. Sein persönlicher geistlicher Berater war seit 1774 Johann Kaspar Lavater, der den
Fürsten langsam von dessen fromm-aufklärerischen Haltung zum biblischen Denken hinführte und seine Frömmigkeit in diesem Sinn prägte. Lavater besuchte Karl
Friedrich auch nach dem Tod seiner Gemahlin, der im Volk
sehr beliebten Markgräfin Karoline Luise (8. April 1783)

auf dem Jagdschloß Stutensee, um den Fürsten zu trösten. Sie führten lange Gespräche über das Leben nach dem Tode. Im August desselben Jahres hatten die beiden eine längere Begegnung in Zürich. Der Markgraf hörte Lavater predigen und pflegte einen regen geistlichen Gedankenaustausch mit ihm, so z.B. über die Lehre von der Versöhnung, den sie anschließend brieflich fortsetzten. Ihre Verbindung dauerte an bis zu Lavaters Tod im Jahr 1801.

Am 12. November 1795 eröffnete Karl Friedrich eine Korrespondenz mit Jung-Stilling: »Ich habe Ihr Heimweh gelesen, welches mich sehr interessiert hat. Ich höre, der letzte Teil wird einen Schlüssel enthalten, worauf ich mit Begierde warte. Könnten Sie mir über das Buch etwas mehr schriftlich sagen, als Sie dem Druck anvertrauen wollen, so würden Sie mich sehr verbinden, und könnten dabei aller möglichen Diskretion versichert sein.« Es ist überraschend, daß der Fürst in dieser turbulenten Zeit, in der sein Land von den französischen Truppen bedroht war, sich die Zeit zur Lektüre dieses Romans und zur anschließenden Korrespondenz mit dem Autor nahm. Schon für Ostern 1797 war eine persönliche Begegnung zwischen Karl Friedrich und Jung-Stilling ins Auge gefaßt, die jedoch nicht zustande kam, aber die briefliche Verbindung blieb bestehen. Karl Friedrich bezeichnete sich in seinen Briefen als Jung-Stillings »Freund«. Nach Lavaters Tod kam für Karl Friedrich auch einzig Jung-Stilling in Frage, um die von Lavater hinterlassene Lücke eines geistlichen Beraters wieder zu schließen.

Bei seiner ersten Schweizer Reise im Frühjahr 1801 nahm Jung-Stilling seinen Heimweg über Karlsruhe. Am Vormittag des 29. April wurde er im Schloß augenblicklich vorgelassen, von Karl Friedrich freundlich empfangen und erneut auf den Abend eingeladen. Diese Begegnung festigte das freundschaftliche Band zwischen dem Fürsten und Jung-Stilling. Karl Friedrich dankte ihm für seinen Besuch (19. Juni 1801): »Es ist etwas Erfreuendes, von den großen und wichtigen Wahrheiten der Religion Jesu gründlich sprechen zu hören, und dadurch immer mehr Überzeugung – oder vielleicht besser zu sagen, Bestätigung und Wirkung zu bekommen.«

Auf seiner zweiten Schweizer Reise (13. September bis 16. November 1802) trug Jung-Stilling dem Markgrafen eine Bitte vor: Er bemühte sich für seinen 28jährigen und inzwischen verheirateten Sohn Jakob, der Jurist war, um eine Stellung in badischen Diensten. Karl Friedrich nahm die Bitte freundlich auf und versprach Hilfe. Dabei kam das Gespräch auch auf Jung-Stillings eigenes Ergehen. Durch die Freundlichkeit des Fürsten ermutigt, schilderte Jung-Stilling seine schwierige Lage offen und freimütig. Darauf erwiderte ihm der Fürst: »Ich hoffe, Gott wird mir Gelegenheit verschaffen, Sie aus dieser drückenden Lage herauszubringen, und so zu setzen, daß Sie bloß Ihrer religiösen Schriftstellerei und Ihrer Augenkuren warten können; Sie müssen von allen irdischen Geschäften und Verhältnissen ganz frei gemacht werden.« Überglücklich nahm Jung-Stilling Abschied und setzte seine Reise in die Schweiz fort. In Basel hielt er auf Einladung der Deutschen Christentumsgesellschaft vor mehr als hundert Personen eine Erbauungsstunde. In Burgdorf operierte er mehrere Blinde; hier traf er auch mit dem berühmten Pädagogen Heinrich Pestalozzi (1746-1827) zusammen. In Bern und in St. Gallen behandelte er Augenpatienten. Auf dem Rückweg im November machte Jung-Stilling noch einmal in Karlsruhe Station, operierte auf Bitten der Markgräfin einige Blinde und besuchte wieder den Markgrafen, wobei dieser sein Versprechen wiederholte.

Ein ihn besonders schmerzendes Ereignis vermehrte bei Jung-Stilling die Bereitschaft, Marburg schnell zu verlassen. Zum Jahresbeginn 1803 erließ Landgraf Wilhelm IX., der wenige Wochen danach zum Kurfürsten erhoben wurde, ein Zensurreskript, welches der Universität Marburg vorschrieb, daß in Zukunft ohne vorherige Prüfung und

Herrnhut, um 1820 (Aquarell) (siehe S. 136 oben)

Genehmigung kein Buch eines Marburger Gelehrten mehr gedruckt werden dürfe. Diese Verordnung galt nur für Marburg und war darum für die Marburger Professoren doppelt ärgerlich. Jung-Stilling suchte das Motiv dieses fürstlichen Willküraktes zu ermitteln und erfuhr schließlich, seine im Anschluß an den »Heimweh«-Roman seit 1795 herausgegebene Zeitschrift »Der graue Mann« habe das Zensurreskript hervorgerufen. Das war für Jung-Stilling unfaßlich. Wie konnte sein »Grauer Mann«, der unpolitische, geistliche Ziele verfolgte, den Zorn des Fürsten heraufbeschworen haben? Es ist anzunehmen, daß Wilhelm IX. alles im Keim ersticken wollte, was die Mißgunst der Franzosen auch nur im geringsten erregen konnte. Daß Jung-Stilling den aus Frankreich kommenden Geist ablehnte, war bekannt. Er versuchte zwar noch auf schriftlichem Wege, den Kurfürsten zu einer Revision der Verordnung umzustimmen und sie womöglich auf seine Person zu beschränken, aber vergeblich. Jung-Stilling sehnte sich von Marburg fort: »Jetzt war er nun auf einmal mit Marburg und Hessen fertig ..., jetzt war in Hessen Stillings Bleiben nicht mehr, und wie gut war es, daß er nun gerade kurz zuvor in Karlsruhe eine frohe Aussicht erhalten hatte.«

Während der Osterferien 1803 machte Jung-Stilling seine erste Reise nach Herrnhut, weil in der Oberlausitz viele Blinde und Augenkranke auf seine Hilfe warteten. Herzlich und liebevoll wurde er von der Brüdergemeine aufgenommen. Seit 1797 stand er mit ihr in brieflichem Austausch. Zehn Tage verbrachte er dort. Hatte er sie früher so kritisch beurteilt, so erfüllten ihn jetzt ihre Verkündigung, ihre Verfassung und der gute Geist in ihren Reihen mit der größten Hochachtung. Er gewann den Eindruck, daß dort »Jesus Christus und seine Religion vielleicht am reinsten und lautersten in der ganzen Welt bekannt und gelehrt wird« und daß dort »nach dem Verhältnis der Menschenzahl überhaupt gewiß die mehresten wahren Christen wohnen«. Die Feier der Karwoche und des Osterfestes in Herrnhut wirkte auf Jung-Stilling »als wenn er zu seiner neuen künftigen Bestimmung eingeweiht würde«.

Am Donnerstag, den 2. Juni 1803, erreichte Jung-Stilling die Zusage aus Baden. In seinem Tagebuch notierte er: »Heute erhielt ich die frohe Nachricht von meines Sohns Versorgung und der Entwicklung meines Schicksals.« Karl Friedrich ließ Jung-Stilling fragen, »ob er wohl vor der Hand, bis man seine Besoldung verbessern könnte, für zwölfhundert Gulden jährlich kommen wollte«. Jung-Stilling war voller Freude über die Versorgung seines Sohnes und die Aussicht, Marburg verlassen zu können. Wermut in dem Becher seiner Freude war ihm nur das zu erwartende, erheblich geringere Gehalt. Er zögerte mit seiner Antwort. Da erhielt er von einer wohlhabenden Gönnerin ein Päckchen mit einem beachtlichen Geldbetrag und der Briefnotiz, »sie habe einen Trieb in sich gespürt, ihm das Geld zu schicken, er werde nun wohl wissen, es zu gebrau-

Kurfürst Karl Friedrich von Baden korrespondiert mit Jung-Stilling

chen und wozu es dienen solle«. Das war für Jung-Stilling ein beglückendes Zeichen für die Macht seines Herrn, ihn auch weiterhin zu versorgen, wenn er ihm nur vertraute und folgte. Am 25. Juni zog sein Sohn Jakob Jung mit seiner Familie nach Mannheim. Am 26. Juni sandte Jung-Stilling seine Zusage nach Karlsruhe. Am 8. Juli bat er Wilhelm IX. um seine Entlassung. Karl Friedrich schrieb am 1. Juli an Jung-Stilling: »Ich freue mich, mein lieber Herr Hofrat, nun Ihren wackeren Sohn in wenigen Tagen persönlich kennenzulernen, und was noch mehr ist, nun zu wissen, daß Sie selbst am Ende des Sommers Ihren Wohnort hier im Land nehmen werden. Wo? Das muß von Ihrer Wahl abhängen; ich möchte wohl Heidelberg vorschlagen, doch ohne ein Lehramt anzunehmen, denn das wäre Ihrem Zweck zuwider! Für Ihren besseren Unterhalt werde ich, sobald es die Umstände erlauben, sorgen. Der Herr wolle zu Ihrem Vorhaben und meinem Bestreben seinen Segen geben! Ich verbleibe Ihr treuer Freund Carl Friedrich Kurfürst.«

Am 28. August antwortete Jung-Stilling seinem kurfürstlichen Gönner in Karlsruhe: »Ja, der Herr hat wahre Wunder der Gnade an mir getan: Von Geburt zum Bauern- und Handwerksstand bestimmt, führt er mich ohne irdisches Vermögen einen zwar sehr schweren und langwierigen Prüfungsgang; er hatte mir einen unüberwindlichen Trieb in das Herz gelegt, aus allen Kräften mich der Religion zu widmen und nur ausschließlich dem Herrn zum Besten seines Reichs zu dienen, aber erst am Schluß meines 63. Lebensjahrs, nachdem er mich durch viele Umwege geläutert und durch viele und mancherlei Erfahrungen unterrichtet hat, lenkt er so gnädig das Herz Ew. Kurfürstlichen Durchlaucht dahin, mich nun auf den Standpunkt zu stellen, wozu ich von der Wiege an und nach allen meinen inneren Anlagen bestimmt bin. Denken Sie nicht, mein allerteuerster Fürst, daß ich in Heidelberg müßig sitzen werde – Nein! jetzt will ich erst anfangen zu wirken, Alles! Alles soll nun auf den einen großen Gesichtspunkt Christum und sein Reich gerichtet sein.« Am 5. September 1803 endete in Marburg das Sommersemester. Seine Amtspflichten erfüllte Jung-Stilling treu und gewissenhaft bis zum Schluß. Mit Freunden und Bekannten feierte er Abschied, am 9. September richtete er noch einen versöhnlichen Abschiedsbrief an den Senat der Universität, in dem er jeden um Verzeihung bat, dem er Unrecht getan haben sollte,

Der Rittersaal des Manheimer Schlosses; vgl. S. 140

und alle, die ihm Unrecht getan haben, seiner Vergebung versicherte. Am 10. September 1803 brach Jung-Stilling mit seiner Familie ohne Groll aus Marburg auf. Der Bevölkerung wurde jetzt bewußt, wieviel sie mit ihm verlor: den treuen Seelsorger, den selbstlosen Augenarzt, den gutwilligen Helfer in vielen Nöten und den vorbildlichen Chri-

139

sten in Familie und Beruf. Und sie bereitete ihm einen bewegenden Abschied: »Die ganze Bürgerschaft trauerte, und bei dem Wegziehen, sonnabends den 10. September des morgens früh, weinte die ganze Nachbarschaft – ... Stillings und Elisens Herzen wurden tief verwundet; besonders als sie bei dem Kirchhof vorfuhren, wo so viele ihrer Lieben ruhen.« Über Münster bei Butzbach – wo er am 12. September im Pfarrhaus seines Schwiegersohns seinen 63. Geburtstag festlich beging – und über Frankfurt führte sie ihr Weg nach Heidelberg. Freund Mieg hatte ihm dort bereits eine Wohnung besorgt. Gestärkt durch das Wort der Tageslosung: »Du bringst sie hinein und pflanzest sie auf dem Berg deines Erbteils, den du, Herr, dir zur Wohnung gemacht hast, zu deinem Heiligtum, Herr, das deine Hand bereitet hat« (2. Mose 15,17), zog Familie Jung am Vormittag des 17. September in Heidelberg im Hause Plöck 40/42, wo heute das Hölderlin-Gymnasium steht, ein. Und für Jung-Stilling war klar: der »Berg des Erbteils«, das »Heiligtum«, das war »das geistliche Zion, in welchem er nun als Gottes Knecht angestellt werden und wirken sollte«. In seinem Tagebuch notierte er an diesem Tag: »Der Herr sei gelobet für seine gnädige Führung. Nun bin ich ganz sein.«

Sogleich am nächsten Tag fuhr Jung-Stilling nach Mannheim, um dem Kurfürsten persönlich seine Ankunft zu melden. Karl Friedrich empfing ihn dort »sehr gnädig« und sagte: »Ich freue mich, Sie in meinem Land zu wissen; ich habe von Jugend auf den Wunsch gehabt, der Religion und dem Christentum alle meine Kräfte zu widmen; allein Gott hat mir das Regentenamt anvertraut, dem ich alle meine Kräfte schuldig bin; Sie sind nun der Mann, den Gott zu diesem Zweck zubereitet hat. Ich entbinde Sie daher von allen irdischen Verbindlichkeiten und trage Ihnen auf, durch Ihren Briefwechsel und Schriftstellerei Religion und praktisches Christentum an meiner Stelle zu befördern; dazu berufe und besolde ich Sie.«

»Mit einer innigen Seelenruhe« kehrte Jung-Stilling nach Heidelberg zurück, denn nun war ja sein »großer Grundtrieb«, ganz für den Herrn und sein Reich zu wirken, kurz nach seinem 63. Geburtstag endgültig zum Ziel gekommen.

Was sich hier vollendete, hatte mit der Veröffentlichung seines »Heimweh«-Romans begonnen, und was er von nun an in seinen erwecklichen Schriften darlegte, war die Entfaltung der Einsichten, die ihm bei der Abfassung dieser seiner Hauptschrift im Jahre 1794 zuteil geworden waren.

9. Im Dienst der Erweckung

Nachdem um 1790 der »finstere fatale Determinismus«, der sich seit Jung-Stillings Straßburger Studienzeit »wie ein starker Gewappneter in seine Seele gelagert hatte«, bezwungen war, fand er wieder zur Glaubensgewißheit seiner Kindheit und seiner Jugendjahre zurück. Mit seiner neuen Haltung stellte sich auch ein neues geistliches Sehvermögen bei ihm ein. Mit geschärftem Auge blickte er insbesondere auf die Französische Revolution und ihre Nachwirkungen in Deutschland. »Ich ward nun aufmerksam und achtete auf unser festes prophetisches Wort.« Das gründliche Studium der biblischen Eschatologie, insbesondere der Offenbarung des Johannes ermöglichte es ihm, die aktuellen Ereignisse von der Bibel her zu verstehen und zu deuten. Diese beiden Faktoren, der neu gewonnene Glaube und die Beschäftigung mit dem prophetischen Wort, nennt Jung-Stilling ausdrücklich als die geistlichen Voraussetzungen für die Abfassung seines »Heimweh«-Romans. So mußte ihn nur noch »ein Feuerfunke, der auf Zunder fällt« erreichen, um aus vielen in ihm schlummernden Gedanken ein schließlich weltweit wirkendes Buch entstehen zu lassen.

Im Sommer 1793 besuchte ihn Verleger Krieger in Marburg, der seine staatswirtschaftlichen Lehrbücher herausgebracht hatte, und bat ihn: »Schreiben Sie doch einmal wieder etwas Ästhetisches!« Augenblicklich fiel Jung-Stilling »die alte Idee der Christenreise« wieder ein, die er seit Kindesbeinen gehegt und auch schon wiederholt zu realisieren versucht hatte, – freilich vergeblich, weil er in den zwanzig Jahren seiner geistlichen »Gefangenschaft« dazu nicht imstande gewesen war. Unter dem Anstoß, diesen über fünfzig Jahre alten Gedanken jetzt endlich zu verwirklichen, sagte Jung-Stilling dem Verleger bereitwillig zu. Denn »mein eigener Weg, die vielen Erfahrungen an andern und glücklich gekämpfter Kampf, dies alles machte mir die Ausführung leicht«. Aber nun gesellte sich noch eine neue Idee dazu: »Mir fiel ein, daß ich, da die Vorsehung im Ganzen der Kirche Gottes, wie im einzelnen einerlei Maxime beobachtet, meine Resultate, die ich aus der langwierigen Betrachtung des prophetischen Worts gezogen hatte, wohl mit der Christenreise verbinden könnte.« So hatte er eine klare Konzeption. Und da er sich erst kurz zuvor mit Laurence Sternes Roman »Tristram Shandy« und mit Theodor Gottlieb von Hippels autobiographischem Roman »Lebensläufe in ansteigender Richtung« beschäftigt hatte und von deren Stil angetan war, orientierte er sich in der formalen Gestaltung seines neuen Buches an diesen. Das Motiv für die Wahl des Buchtitels schließlich – womit Jung-Stilling übrigens den Begriff ›Heimweh‹ in die deutsche Umgangssprache einbrachte – bildete schließlich folgende Überlegung: »Meine und aller rechtschaffenen Christen Empfindung in den gegenwärtigen Zeiten hat viel Ähnliches mit dem natürlichen Heimweh; man möchte sich fertigmachen und nach Hause reisen; denn wahrlich, es wird einem schwer, länger in diesem Lande der Fremdlingschaft auszuhalten, wo man alles dulden will und dulden soll, nur die Christen nicht; wo man wohl ungeneckt Christum lästern, aber nicht frei mehr bekennen darf, und wo man Freiheit, Gleichheit und Brüderschaft zum Ziel hat, die Christen aber davon ausschließen will: sollte man da nicht das Heimweh im höchsten Grade bekommen? In diesem Gefühl kam nun einige Zeit vorher, ehe ich zu schreiben anfing, ein Student zu mir; wir sprachen und verstanden uns; er präsentierte mir sein Stammbuch, und da er bei mir war, um auf immer Abschied zu nehmen, so verband ich diese Idee mit meiner herrschenden, setzte mich und schrieb: selig sind, die das Heimweh haben, denn sie sollen nach Haus kommen! Nachher gefiel mir diese Sentenz so wohl, daß ich beschloß, mein jetzt zu schreibendes Werk ›das Heimweh‹ zu nennen und mit obiger Sentenz den Anfang zu machen!« Um sicher zu gehen, daß sein Werk die richtige Gestalt gewinne, bat Jung-Stilling einen kleinen Freundeskreis in zweiwöchigem Turnus zu sich und trug ihm die jeweils konzipierten Abschnitte vor, um sachkritische Urteile zu hören und zu verwerten. Die Arbeit ging zügig voran. Während der Abfassung des Buches fühlte er »höhere Kraft«. Ein Geist der Ruhe und des Friedens durchwehte ihn. »Wenn er anfing zu arbeiten, so strahlten Ideen seiner Seele vorüber, die ihn so belebten, daß er kaum so schnell schreiben konnte, als es der Ideengang erforderte . . ., – es war eine selige Zeit! Dieser Zustand dauerte genau so lang, als Stilling am Heimweh schrieb, nämlich vom August 1793 bis in den Dezember 1794, also volle fünf Viertel Jahr«, so beschreibt Jung-Stilling später sein eigenes Erleben. Und sich gegen das Mißverständnis zu schützen, als hätte er sich damit eine Prophetenrolle anmaßen wollen, fügte er hinzu: »Es war eine erhöhte Empfindung der Nähe des Herrn, der der Geist ist; dies Licht strahlte in seine Seelenkräfte und erleuchtete die Imagination und die Vernunft. In diesem Licht sollte Stilling das Heimweh schreiben; aber deswegen ist es doch immer ein gebrechliches Menschenwerk.«

Der »Heimweh«-Roman ist ein allegorischer Schlüsselroman. Seine Figuren sind Allegorien, deren Charakter und Bedeutung bereits in ihren Namen zum Ausdruck kommen. Wie Bunyans »Pilgerreise«, so will auch das »Heimweh« Jung-Stillings den mit vielerlei Bewährungsproben durchsetzten Weg eines Christen darstellen, den Heilsweg zur himmlischen Heimat. Dies geschieht in Gestalt einer allegorischen Beschreibung der Reise eines jungen Mannes, des Christian Eugenius von Ostenheim, in den Orient.

Christian von Ostenheim, von seinem Vater, Ernst Gabriel von Ostenheim (= die vorbereitende Gnade), und seiner Mutter (der göttlichen Vorsehung) aufs sorgfältigste erzogen, wird durch das geheimnisvolle Wort seines Pfarrers »Selig sind, die das Heimweh haben, denn sie sollen nach Haus kommen!« zum lebendigen Glauben erweckt. Vom Heimweh nach seiner orientalischen Heimat erfaßt, wird er zur Erkenntnis seines und der Welt wahren Zustandes gebracht. Auf einer zerfallenen Felsenburg (in der ruinierten christlichen Kirche), in der es aber doch herrliche verborgene Säle gibt, wird er von den Gesandten des »Königs des Lichts und der Wahrheit, der im Orient wohnt«, die hier als Felsenmänner in Erscheinung treten (göttliche Boten, welche die unerschütterlich wie Felsen bestehende himmlische Wahrheit vertreten und den Christen auf seinem Weg zum Vaterland begleiten), zum Kreuzritter geweiht. Dabei erhält er den neuen Namen Eugenius (Wohlgeboren, Wiedergeboren), ein nur für andere Geweihte erkennbares Siegel an die Stirn und dazu die Mahnung »Mache nur, daß diese Züge nicht verlöschen, sie sind dein Ausweis, ohne welchen du in deinem Vaterlande nicht aufgenommen wirst!« Seine Berufung zum Kreuzritter schließt zwei Aufgaben ein: Er muß die Wahrheit des Evangeliums gewissenhaft vertreten und gegen die Macht der das Reich Jesu bekämpfenden falschen Aufklärung verteidigen; dazu muß er, in engster Abhängigkeit von der Führung Gottes, dem Reiche des Herrn so viele Untertanen anwerben, als nur möglich ist. Nach dieser Vorbereitung macht sich Eugenius auf die Reise, die ihn aus seiner bisherigen westfälischen Heimat über Frankfurt, Augsburg, München, Wien und durch den Balkan über Konstantinopel in den Orient und von dort schließlich nach Solyma führt. Er wird äußerlich begleitet von Hans Ehrlich (seinem natürlichen Charakter) und innerlich begleitet von den Boten seines Herrn, insbesondere dem Grauen Mann (dem Gewissen bzw. der züchtigenden Gnade). Auf der Reise verlobt sich Eugenius mit der dem Anschein nach häßlichen Urania Sophia von Edang (der himmlischen Wahrheit, wie sie sich in der Gnade Gottes durch Christus offenbart; Edang = Buchstabenumstellung von ›Gnade‹). Die Vermählung selbst kann aber erst nach vielen Bewährungsproben in Jerusalem stattfinden. In Frankfurt belehrt ihn der Geheimrat Lichtenberg (der erleuchtende Geist) über den im Buchstaben der Heiligen Schrift verborgenen Sinn. Im Frankenland verleitet ein am Wege stehender Mann (die sinnliche Vernunft) den Wanderer, den Weg abzukürzen und die rechte Straße zu verlassen. Ein Jäger (Vergnügungssucht) weist den Irrenden zum romantischen Sitz der Frau von Eitelberg (Eitelkeit), die ihn dahin zu verführen trachtet, daß er im vermeintlichen Streben nach Rettung der Menschheit letztlich doch eigener Ehre frönt und die himmlische Wahrheit darüber vergißt. Der Graue Mann befreit Eugenius zwar, doch hatte inzwischen der Wirt (der alte Adam, das ist die natürliche Gesinnung) das Pferd des Kreuzritters (das Vertrauen auf die göttliche Führung) gelähmt, und nur langsam kommt Eugenius auf der wiedergefundenen rechten Straße vorwärts. In Augsburg kommt der Kreuzritter in so große Not, daß er fast sein Pferd verkaufen muß (d.h.: fast sein Gottvertrauen verliert). Doch bewahrt ihn Forscher, der gleichfalls zu den Felsenmännern gehört, vor dieser Katastrophe, lehrt ihn, die göttlichen und natürlichen Geheimnisse zu erkennen, und leitet ihn zur wahren Menschenkenntnis an. In diesem Zusammenhang lernt Eugenius auch Theodor Josias von Edang (die heiligende Gnade Gottes, Bruder Uranias) kennen. In München trifft Eugenius mit Philosophen zusammen, welche ihm glaubensfeindliche Argumente entgegenhalten, die er nicht widerlegen kann. Anstatt sich an Urania zu wenden, verstrickt er sich in Zweifel und besucht Frau von Traun (Versetzung der Buchstaben von ›Natur‹, die Modephilosophie, die falsche Aufklärung). Dort weist ihm Hochnase nach, daß sein Glaube unhaltbar sei. Nur mit Hilfe der Argumente Theodors kommt Eugenius wieder frei. In Wien prahlt er mit seinen Erkenntnissen und gerät daraufhin in tödliche Gefahr, aus der ihn wiederum nur ein Gottesbote befreien kann. Bald darauf wird er aber von Stubinger (ein Geistlicher, der sich zu Christus bekennt, aber die Kraft der Gottseligkeit verleugnet) beeinflußt. Dieser steht mit Frau von Traun, der mächtigsten Gegnerin Uranias, im Bunde und sucht ihn durch Fräulein von Nischlin (Sinnenlust; Nischlin = Versetzung der Buchstaben von ›Sinnlich‹) zu fesseln. Theodor rettet ihn. Auf der Reise durch Ungarn begegnet Eugenius einem Hirten, der mit seiner Familie im äußersten Elend lebt. Der Hirte (die wahre Geistlichkeit) spielt zwar auf seiner Flöte (das wahre alte Evangelium); seine Frau Kunigunde jedoch (die Gemeinde des Herrn) ist wahnsinnig geworden darüber, daß man ihr die Kinder geraubt hat (im Geist des Abfalls vom Glauben erzogen hat), der Großvater aber (der allgemeine Kirchenglaube) ist vor Jammer verstummt. Eugenius verspricht, sich dafür einzusetzen, daß Kunigunde ihre Kinder zurückerhält. Bald darauf fällt Eugenius aber dem Verführer Saphienta (Buchstabenumstellung für ›Phantasie‹) in die Hände, der ihn in Schwärmerei verstricken will. Saphienta schmeichelt sich bei Eugenius ein und macht ihn glauben, er sei sein Freund, billige seine Reise und wolle ihm auf alle Weise hilfreich sein. Saphienta hatte sich von Jugend auf mit den geheimen Wissenschaften, besonders mit der hermetischen Philosophie, beschäftigt. Nichts auf der Welt konnte den Geist von Eugenius so fesseln wie dieses Studium, und Saphienta bemächtigt sich seiner gänzlich. So kommt es zur Unterbrechung der Reise. Aber »Stillstand ist Zeitverlust, und Zeitverlust Rückgang, der Rückgang aber läßt uns gar leicht zuschanden werden.« Es dauert lange Zeit, bis Eugenius die Spekulationen Saphientas als höchst gefährlich erkennt, sich von ihm abwendet und seine Reise fortsetzt. Saphienta sendet ihm einen reitenden Boten nach, der ihn auf der weiteren Reise in den Orient begleiten soll, der ihn aber absichtlich in die Irre führt. In der größten Verlassenheit gesellt sich der schlichte Trevernau (das Vertrauen des Herzens) zu ihm und tröstet ihn. Es stellt sich heraus, daß

Saphienta mit Frau von Traun und Fräulein von Nischlin zusammen darauf hingearbeitet hat, Eugenius als Sklaven zu verkaufen. Räuber verschleppen Eugenius nach Konstantinopel. Dort fällt er unter Mohammedaner (Namenschristen). Basilius Beldergau (königlicher Glaube) befreit ihn. Zur Erfüllung seiner hohen Bestimmung muß nun Eugenius eine Reise nach Ägypten antreten (das Reich der Vernunftweisheit). Hier muß er die unter den Pyramiden liegenden Labyrinthe (die philosophischen Systeme) durchwandern, bis er an die Grenzen der Vernunft stößt. Dabei verlöscht die Lampe des Eugenius, die ihm in der Finsternis den Weg gezeigt hat. Zu seiner Rettung wird ihm ein schmales Brett, auf das er sich in seiner Todesnot kauert: nur noch der Gedanke »Gott ist mein Vater, ich sein Kind!« hält ihn am Leben. Die entscheidende Erkenntnis bei den ungemein schwierigen ägyptischen Proben besteht darin, »daß alle Schlüsse, die sich auf Raum und Zeit gründen, insofern sie sich auf Gott und die Geisterwelt beziehen, grundfalsch seien« (Hinweis auf Jung-Stillings Verständnis der Philosophie Kants). Nach dem Bestehen aller schweren Prüfungen wird Eugenius zum Lehrer der Wahrheit und Kämpfer gegen Frau von Traun berufen. Er erhält als Zeichen seiner Würde die Kleidung der Felsenmänner. Zur Unterweisung in den Wahrheiten des christlichen Glaubens wird nun Eugenius zum Katharinenkloster am Berg Sinai gesandt (zum reinen, alten Evangelium, welches in der Öde des Unglaubens steht), dessen Zugang vor den Arabern (Religionsspöttern) vermauert ist. Nur wer vom Bischof das Beglaubigungsschreiben vorweist (wer vom apostolischen Geist erfüllt ist), wird über die Mauer hinaufgezogen und eingelassen. Im Katharinenkloster trifft Eugenius auf den christlichen Philosophen Gottfried, der die Fähigkeit besitzt, »die Wahrheit der Religion mit den Vernunftwahrheiten logisch und richtig zu verbinden«. Eugenius lernt aber auch die Notwendigkeit der göttlichen Offenbarung und Gottes Heilsplan im Alten Bund recht zu erkennen, der auf Christi Opfertod hinzielt. Endlich betritt der Kreuzritter das Gelobte Land und Jerusalem. Er erkennt die wundersamen Wege der Vorsehung, die ihn zur Glaubensgerechtigkeit geführt hat, und empfindet tief, daß aller Gewinn seiner bisherigen Reise nichts anderes ist als Wirkung des Leidens Christi und reine Gnade. In den unterirdischen Gewölben des Tempels (geheiligte Vernunft) wird Eugenius mit der nun in voller Schönheit strahlenden Urania vermählt und zum Fürsten Eugenius erhoben. Sein Begleiter Hans Ehrlich ist inzwischen schon Timotheus (geheiligtes Temperament) geworden. Während die ganze bisherige Reise seiner eigenen Heiligung diente, hat Eugenius nun als Priesterfürst eine Aufgabe an anderen: Er sammelt zunächst die einsamen, überall zerstreuten Philadelphier um sich, um aus ihnen eine philadelphische Gemeinde zu bilden, und zieht mit allen Auserwählten in einer großen Karawane nach Osten weiter. Immer neue Gruppierungen schließen sich dem Zuge an. Aber auch jetzt noch wird Eugenius neuen Prüfungen unterzogen. Er muß im Lande Yespera die Eignung für seine geistliche Führungsaufgabe unter Beweis stellen und wird durch den Parakleten, den Statthalter des unsichtbar bleibenden orientalischen Monarchen, in seinem Amt bestätigt. Schließlich gelangt Eugenius mit den Erstlingen und Auserwählten aus allen Nationen nach Solyma, dessen Hauptstadt er Ostenheim nennt, um hier ein christliches Reich zu gründen, das dem Willen Gottes entspricht. Aber trotz aller weisen Verordnungen bleibt der neue Staat Solyma sowohl im Innern durch Schwärmer, als auch von außen durch das Heer der Frau von Traun, bedroht. Christen müssen wach und nüchtern sein und den Glaubenskampf kämpfen, so lange sie leben, bis sie im ewigen Solyma angelangt sind.

Man bemerkt überall, daß sich in Jung-Stillings »Heimweh« die Resultate seines eigenen Glaubenskampfes niedergeschlagen haben. Er war glücklich, daß er selbst der

Schlinge der »Modephilosophie« entronnen war, die die Fundamente biblischen Glaubenslebens untergräbt, und war zugleich traurig über alle eigenen Abirrungen. Dieser Schmerz zeigt sich häufig in der Schilderung des Reiseweges. War Jung-Stilling selbst geistlich gleichsam in Laodicea (Offenbarung 3,14-22) gewesen, so wollte er nun laut und deutlich allen die Warnung weitersagen: »Ach, daß du kalt oder warm wärest!«

Bei einem Vergleich von Jung-Stillings »Heimweh« mit John Bunyans »Pilgerreise« bemerkt man nach kurzer Zeit, daß Jung-Stilling von Bunyan lediglich das Motiv der »Pilgerreise« übernahm, es ansonsten aber ganz selbständig gestaltete. Die »Pilgerreise« Bunyans beschreibt den Christenweg von seinem Beginn bis zu seinem Ziel in der ewigen Stadt. Die allegorische Deutung dieses Weges bleibt so stark an die Bibel und an die allgemeine christliche Lebenserfahrung angelehnt, daß sich jeder Christ mit dem Pilger identifizieren und seinen eigenen Weg in Bunyans Wegbeschreibung wiederfinden kann. Schon Jung-Stillings Großvater Ebert sagte im Blick auf die »Pilgerreise«: »Ist's doch, als wenn man die Reise selber machte!« Das Buch hat einen stark paränetischen Charakter. Sein theologisches Grundthema ist die Heiligung. Der Leser erhält seelsorgerliche Hinweise auf die Gefahren bei der Pilgerreise und Ratschläge zu ihrer Überwindung. Jung-Stillings »Heimweh« enthält zwar alle diese Elemente ebenfalls – das stark ausgeprägte Verständnis Jung-Stillings für seelische und geistliche Probleme ist sehr beeindruckend –, aber darüber hinaus noch andere. Es beschäftigt sich nicht nur mit dem Weg der Heiligung für alle Christen, sondern in hervorgehobener Weise mit dem Weg der geistlichen Führer und darüber hinaus mit dem Weg der christlichen Gemeinde in die Zukunft, – dies alles in durchgängiger Konfrontation mit dem hauptsächlichen Gegner, der »Modephilosophie«. Der beschriebene Weg endet hier nicht in der ewigen Stadt, sondern auf der Erde, in Asien. Und das Buch schließt nicht mit der Beschreibung der ewigen Herrlichkeit, sondern mit dem Aufruf zur Überwindung der bestehenden geistlichen Verhältnisse in Europa, mit dem Weckruf an die Christenheit und mit der Warnung vor dem großen Abfall vom biblischen Glauben, mit der Mahnung, wach und nüchtern zu sein, mit dem Appell zum missionarischen Angriff gegen die bestehenden Verhältnisse, um zu retten, was zu retten ist: Das Buch schließt mit dem Aufruf zur *Erweckung*. Zu dem paränetischen Element tritt also das prophetische hinzu, zum Thema »Heiligung« tritt das Thema »Erweckung«. Neben das objektive Moment tritt ein starkes subjektives Moment, wie es auch schon der Titel »Heimweh« zeigt.

Diese Zielsetzung des »Heimwehs«, der Aufruf zur Erweckung, gliedert sich in vier Hauptanliegen: (1) Einladung und Führung des einzelnen auf den Weg des Glaubens – »bei dem Wirrwarr von Wegen, die alle nach Haus führen sollen, den rechten zu treffen«; (2) Kampf gegen die den Heilsweg blockierende Modephilosophie – »einen Sinaitischen Blitz auf die stolze Dame schleudern, die auf ihrem wiehernden Gaul hoch einhertrabt und den Leuten die Köpfe verdreht«; (3) Zubereitung der »Kreuzritter«, der geistlichen Führer, für ihre Aufgaben – »mein Heimwehbuch hat auch zugleich den Zweck mit, solche Kämpfer zu wecken und anzuwerben«; (4) Erneuerung der verstörten Kirche – »Ich setzte mich zu Kunigunde (= christliche Gemeinde) auf die Erde nieder . . .: ›Ermuntre dich doch, liebes Weib! siehe, du sollst auch deine Kinder, wenn Gott will, wieder bekommen.‹« Diese vier Grundanliegen ziehen sich wie vier Stränge durch alle fünf Teile (vier Teile und den »Schlüssel zum Heimweh«) hindurch.

Als Mittel zum Zweck des Aufrufs zur Erweckung dient zunächst eine breite Charakterisierung der Zeit. Jung-Stilling gebraucht eindrucksvolle Bilder aus verschiedenen Bereichen: Es ist kalter Herbst; es herrscht Schwüle, erstickende Luft; der allgemeine Religions- und Sittenbankrott ist eingetreten; es sind Ahabs- und Isebelszeiten, Herodes- und Pilatuszeiten, – Zeiten, in denen man Christus und die Gläubigen verfolgt und den Göttern der Gegenwart dient: »Es geht mit der christlichen Religion wie mit einer alten Kleidermode, man schämt sich, damit in Gesellschaft zu erscheinen ... Man wird schon angefeindet, wenn man Christum nach seinem Sinne und nach den Lehren der Apostel bekennt, sucht man aber vollends dieses Bekenntnis durch Lehre und Schriften auszubreiten, dann speit der Drache Gift, und sein Tier möchte aus der Haut fahren.«

Einen besonders bedrückenden Charakterzug der Zeit bilden die theologischen und geistlichen Verhältnisse in der christlichen Kirche, insbesondere der evangelischen Kirche: »die Protestanten sind der Wahrheit näher, sie haben die Kraft der zukünftigen Welt geschmeckt, wehe ihnen, wenn sie abfallen, und sie fallen wirklich ab«. Dahinter steht nach Jung-Stillings Überzeugung das Elend der zeitgenössischen Theologie: Die meisten Theologen sind »entweder im eigentlichsten Verstand ein dummes Salz, oder sie haben die Brille der spekulativen Vernunft auf der Nase, durch welche sie hebräisch und griechisch wie Wasser weglesen können; da bleibt dann kein Tropfen Spiritus zurück, den ein anderer ehrlicher Mann anzünden könnte. O wie schwer wird's besonders so vielen akademischen Lehrern der Gottesgelehrtheit werden, wider den Stachel zu lecken! – Der eine erkühnt sich, scherzenden Spott über den Heiligen Geist auf dem Katheder zu sagen; er würde das wahrlich nicht tun, wenn sein eigener Geist heilig wäre; der andere erklärt die Anbetung Jesu Christi für Abgötterei, und alle erklären den Geist der Weissagung für Dichtergenie. Mit diesen bösen und verführerischen Menschen wird's je länger je ärger, sie verführen und werden verführt, sie lernen immerdar und können nimmer zur Erkenntnis der Wahrheit kommen. Sie sind Taubenkrämer und Wechsler, die Christus bald wieder aus dem Tempel hinausgeißeln wird. Aber das ist zum Erbarmen, daß so

viele gute Jünglinge von ihnen verführt und zu Volksleh-
rern gebildet werden, die dann entweder Stroh-Moral predigen oder gar zu schrecklichen Heuchlern werden.«

Diese Verhältnisse weisen auf einen bestimmten Zeitpunkt der Heilsgeschichte: Der »goldene Uhrzeiger« steht
auf Elf! Die Finsternis sammelt ihre ganze Macht zum großen und letzten Kampf gegen das Reich des Lichtes. »Die
Christenheit naht sich ihrem großen Herbst, in welchem
die schreckliche Kelter des Zorns Gottes getreten werden
soll; es wird eine große Scheidung vorgenommen werden:
Denn der Herr hat seine Wurfschaufel in der Hand ...
Wenn einmal Jesus Christus zum bloßen Menschen und
die Bibel zur Nichtoffenbarung herabgewürdigt wird, so ist
der Geist am Wehen, der da behauptet, daß der Sohn Gottes nicht Mensch geworden ist; vom Wehen wird es zum
Stürmen kommen, so daß auch die größten Eichen ... in
seinen Stößen erschüttert werden; endlich wird alles ent-
wurzelt, und dann steht abermal der Greuel der Verwü-
stung an heiliger Stelle.« Jung-Stilling zieht daraus aber
nicht die Konsequenz, sich in den frommen stillen Winkel
zurückzuziehen und andere dorthin zu rufen, im Gegenteil: Er sieht sich und alle Christen zur Eile und zum besonderen Einsatz aufgerufen. Für jeden Kreuzritter gilt die Pa-
role: »Beschleunige deine Geschäfte!«

Und doch – bei aller Dringlichkeit der missionarischen
und seelsorgerlichen Aufgaben gilt es, nicht unüberlegt zu
handeln. Der Christ muß wissen, woher der Wind der Zeit
weht, er muß die Modephilosophie, ihre Taktik, ihr Ziel
und ihre Verbündeten kennen. Dabei geht es Jung-Stilling
letztlich nicht um die durch die Philosophie aufgeworfe-
nen Probleme als solche, sondern um die durch sie geschaf-
fenen geistlichen Probleme. Er bekämpft das auf die Philosophie gebaute theologische System. Im Grunde soll also
mit jedem Wort gegen die Modephilosophie das von ihr
abhängige religiöse und theologische Denken getroffen
werden. Frau von Traun (Natur) auf Bileniz (Leibniz) sym-

bolisiert die selbstgewisse Philosophie der Aufklärung. Sie ist eine »ausgeartete Tochter von Leibniz« und hält sich in Dingen des Glaubens und der Sitte allein an die Natur und die Vernunft. Wer unter ihren Einfluß gerät, »kennt keine Schranken, er tut, was er will«. Zugleich ist sie wie ein Raubtier hinter den Gliedern der Gemeinde Jesu her und schleppt davon, wen sie erwischt. Ihre Anhänger sind kluge Leute und haben eine äußerlich angenehme Erscheinung. Ihre Argumentation wirkt attraktiv. Ihre Burg ist schön und modern. Aber sie ist die mächtigste Gegnerin und eine abgesagte Feindin Uranias (der himmlischen Wahrheit). Sie sucht Urania zu verdrängen und das Reich Gottes nach allen Kräften zu entkräften und die Kreuzritter zu verderben. Zu ihren Verbündeten gehören die neumodische Geistlichkeit, Fräulein von Nischlin (sinnliche, fleischliche Gesinnung) und Saphienta (Phantasie, Schwärmerei). Die neumodische Geistlichkeit, überaus freundlich, tolerant, gelehrt, spricht viel von Religion und von Christus. Doch unter dem Bild Christi werden selbstgeschaffene Ideale angebetet. Vom Geheimnis der Wiedergeburt wissen ihre Vertreter nichts. Bei genauem Hinsehen entpuppt sich ihre Religiosität und Seriosität als einzige Heuchelei, als ein Lockmittel, die Menschen an ihre eigene Natur und Sinnlichkeit auszuliefern. Fräulein von Nischlins Hauptargument ist der Lebensgenuß; sie verweist auf die »fetten Weiden von Sodom«. Was man nach dem Tode gewinnt, das weiß man ja nicht genau; was man hingegen hier und heute genießt, das hat man schon. Nischlin gleicht einem übertünchten Grab. »Selig, der den Schnupfen nicht hat, damit er sie an ihrem Geruch erkennen könne.« Ihre Lieblingsblume ist die Mohnblume, die Betäubung! Sie ist ein hurerisches Weib, tritt aber nach außen hin streng moralistisch, ja religiös auf, um die Gemeinde des Herrn zu täuschen. Sie versteht es sehr gut, die schönen Künste für ihre Zwecke zu gebrauchen, ja selbst die Wohltätigkeit muß ihr assistieren. So bietet sie ein bequemes Sofa für den alten Menschen, und sie hält einen weiten Purpurmantel bereit, unter dem man ein ganzes Drachennest von Lastern bequem verbergen kann. Einigermaßen überraschend ist die Kennzeichnung und Zuordnung Saphientas, der Schwärmerei. Saphienta ist ein »Herzensfreund« von Fräulein von Nischlin und ein Diener der Frau von Traun: Aufklärung und Schwärmerei gehören nach Jung-Stilling derselben geistigen Atmosphäre an! Sie sind deswegen letztlich beide als Schwärmerei anzusehen, weil sie sich von menschlichen Gedanken und Empfindungen leiten lassen. Saphientas Welt einer besonders tiefen Religiosität und eines Geheimwissens über Anfang und Ende der Welt und der Menschen, über die Zukunft und das Jenseits wirkt auf viele Menschen anziehend. Daß dadurch Sektiererei entsteht, ist ihm gerade recht; damit kann er das Reich Christi schädigen. Saphienta verfolgt den Kreuzritter in verschiedenen Gestalten immer wieder; selbst in Solyma richtet er noch großen Schaden an, so daß auch dort strenge Vorsichtsmaßregeln gegen ihn ergriffen werden müssen. Die wirksamsten Gegenmittel gegen Schwärmerei und Vernunftgläubigkeit sind Schrift und Bekenntnis.

Aus dieser Analyse der Zeit und des Zeitgeistes ergibt sich der Auftrag an die Kreuzritter, gegen die Modephilosophie zu kämpfen, Gefangene zu befreien, Ahnungslose zu warnen und die Gemeinde des Herrn zu sammeln, zu bewahren, zu versorgen, auszurüsten und heimwärts zu führen. Das ist ein auffälliger Wesenszug an Jung-Stillings »Heimweh«, daß es nicht einfach in einer geschichtslosen Weise den Weg des einzelnen Christen zu Gott schildert, sondern vielmehr das Schicksal des einzelnen Christen in die Gesamtentwicklung der kämpfenden Kirche Christi in dieser Welt einreiht. Da nach Jung-Stillings Anweisung das ganze Heimwehbuch auf allen drei Bedeutungsebenen (allgemeines Christenleben, Weg der Kreuzritter, heilsgeschichtlicher Weg der Kirche) auszulegen ist, ergibt es sich, daß auch die Kirche als ganze aus ihren gegenwärtigen

Verhältnissen auswandern und einen weiten Weg zurücklegen muß, um zu ihrem Ziel zu gelangen, wie es im vierten Teil des »Heimweh« in der Verfassung und im Zustand der Gemeinde von Solyma geschildert ist. In Solyma können nur solche Männer Pfarrer werden, welche mit Eifer die Versöhnungslehre predigen und deren Leben und Wandel ihrer Botschaft entspricht. Die Verkündigung in Solyma betont dreierlei: das abgrundtiefe Elend des Menschen, seine Erlösung durch das Leben, Leiden, Sterben und Auferstehen Jesu Christi und die innige Liebe, die die Erlösten Christus schulden – so wie es in der Dreiteilung des Heidelberger Katechismus ausgesprochen ist. Im Mittelpunkt der Lehre, der Verkündigung und der Seelsorge steht demnach der zweite Glaubensartikel! An der theologischen Hochschule in Solyma werden nur solche Professoren zugelassen, die in der reformatorischen Kreuzestheologie gegründet und in lebendiger Frömmigkeit bewährt sind. Als Modell für das christliche Gemeindeleben von Solyma dient wegen ihrer »Kirchendisziplin und ihrer Erziehungsmethode« die Herrnhuter Brüdergemeine.

Jung-Stilling wollte mit seinem »Heimweh« keine Utopie entwerfen, vielmehr sollte alles realisierbar sein – für die einzelnen Christen ebenso wie für die Kirche und für den Staat. Darum skizzierte er im vierten Teil des »Heimweh«-Romans im Gegensatz zur Losung der Französischen Revolution den Aufbau eines neuen, von den göttlichen Ordnungen her geprägten Staatswesens: Die gerechte Verteilung des Besitzes, überhaupt die soziale Gerechtigkeit, hat dabei eine herausragende Funktion. Die Orientierungslinien für eine vor Gott verantwortliche Politik zeichnet der geübte Kameralwissenschaftler sehr genau: Gesetze für die Landwirtschaft, Verordnungen über den Städtebau, eine Fürstenethik, ein Universitätsstatut, ein Beamtenstatut, eine Militärverfassung, eine Neukonzeption des Volksschulwesens und des Medizinalwesens gehören dazu. Das von Jung-Stillings »Heimweh« verfolgte Ziel der Erweckung sollte demnach nicht bei der Rettung des einzelnen und nicht allein bei der Neuorientierung der Kirche stehenbleiben, sondern darüber hinaus auf die ganze Breite des gesellschaftlichen Lebens einwirken.

Es ist Jung-Stillings Verdienst, daß er in einer Zeit des allgemeinen Abfalls vom Glauben die Zuversicht auf den Sieg Jesu Christi und seines kommenden Reiches weckte; daß er in einer Zeit, in der man der Kirche Jesu Christi den Untergang bescheinigte, dazu aufrief, das entchristlichte Volk wieder zum Glauben zu rufen und das Evangelium in alle Welt zu tragen, anstatt vor dieser Aufgabe zu resignieren. Die Wiederbelebung dieser gemeinhin für überholt und überwunden gehaltenen Glaubenshaltung und Glaubensziele erregte nach Jung-Stillings eigenen Worten eine »starke und weit um sich greifende Sensation«. Im Jahr 1804 berichtet er von dem »beispiellosen Beifall, den dies Buch hatte: eine Menge Exemplare wanderten nach Amerika, wo es häufig gelesen wird. In Asien, wo es christlich gesinnte Deutsche gibt, wurde das Heimweh bekannt und gelesen. Aus Dänemark, Schweden und Rußland bis nach Astrachan bekam Stilling Zeugnisse dieses Beifalls. Aus allen Provinzen Deutschlands erhielt Stilling aus allen Ständen vom Thron bis zum Pflug eine Menge Briefe, die ihm den lautesten Beifall bezeigten; nicht wenige gelehrte Zweifler wurden dadurch überzeugt und für das wahre Christentum gewonnen ... Es wirkt wie ein Ferment in allen vier Weltteilen ...« Das Buch wurde in viele Sprachen übersetzt, und in manchen fernen Ländern bildeten sich unter der Lektüre dieses Buches und zur Besprechung seiner Themen regelrechte »Stillingsgemeinden«. Die Wirkungen dieses Buches waren wohl größer, als man normalerweise annimmt, und seine Bedeutung höher, als man ihm gemeinhin zugestehen möchte.

Jung-Stilling ahnte aber auch: »Es wird einmal eine Zeit kommen, wo einer etwa in einem Winkel oder in einer alten Büchersammlung, die verauktioniert werden soll, ein verlegenes, längst vergessenes Buch von vier Teilen finden und den Titel ›Das Heimweh von Heinrich Stilling‹ lesen wird . . ., so wird er sagen: Es gab doch auch damals Leute, die in jenen dunklen, trüben und verworrenen Zeiten in die Zukunft sahen und ein und anderes ahnen konnten. Ja! Ja! Lieber Urenkel! Wer du auch sein magst, wir haben ein festes prophetisches Wort, und ihr tut wohl, daß ihr darauf achtet als auf ein Licht, das da scheint in einem dunklen Ort . . .«

Die in der Literatur mehrfach geäußerte Behauptung, Jung-Stilling habe mit seinem »Heimweh«-Roman die große schwäbische Auswanderungsbewegung nach Südrußland ausgelöst, kann hier nur am Rande berührt werden. Grundsätzlich ist zu sagen, daß die Behauptung in dieser Form historisch nicht aufrecht erhalten werden kann. Denn es gab ja bereits eine planmäßige und gelenkte Ansiedlung deutscher Auswanderer in Rußland seit der Zeit der Zarin Katharina II. (1729-1796), die in zwei Manifesten von 1762 und 1763 mit verlockenden Privilegien zur Einwanderung aufforderte, um die bevölkerungsarmen Gebiete ihres weiten Landes zu kolonisieren, nachdem schon ihre Vorgänger, insbesondere Zar Peter der Große, an deutschen Einwanderern sehr interessiert gewesen waren. Und die Kolonisationspolitik zur Zeit Alexanders I. (1774-1825, Zar seit 1801) förderte nach wie vor den Auswanderungswunsch vieler Bewohner süddeutscher Kleinstaaten, die unter den politischen Verhältnissen (Kriege, fremde Besatzung, Unterdrückung durch die eigene Regierung, Militärdienst) ebenso wie unter den wirtschaftlichen (hohe Steuern, Mißernten, Überbevölkerung und Raumnot, furchtbare Hungerjahre 1816 und 1817) und religiösen Verhältnissen (obrigkeitliche Eingriffe in das kirchliche Leben, neue aufgezwungene kirchliche Ordnungen, in Württemberg z.B. das viel Widerstand erregende Gesangbuch von 1791 und die neue Agende und Liturgie von 1809, Gewissensdruck auf den Gläubigen durch den zunehmenden

Rationalismus in einer vom aufgeklärten Despotismus beherrschten Kirche) zu leiden hatten. Es waren also bei weitem nicht nur religiöse Motive, die den Wunsch zur Auswanderung bewirkten, und es waren nicht nur religiös Motivierte, die ausgewandert sind. Als in Württemberg das 1807 aufgehobene Recht zur Auswanderung im Jahr 1815 wieder gewährt wurde und das Jahr 1816 eine Mißernte und eine schreckliche Hungersnot brachte, öffneten sich die Schleusen für einen neuen Auswanderungsstrom nach Osten. Auf fromm gesinnte Auswanderer wirkte der Aufruf Alexanders I. besonders anziehend, weil er als gläubiger Monarch, der die Anliegen der Erweckung förderte, ihr Vertrauen genoß. Sie erinnerten sich daran, daß einst schon Johann Albrecht Bengel (1687-1752) in seiner Auslegung der Apokalypse geäußert hatte, die Christen könnten in Rußland vor dem Anbruch des Tausendjährigen Reiches Frieden und Sicherheit finden. Jung-Stillings Anspielungen auf einen Zufluchtsort im Osten bekräftigten jene Aussage.

Man muß allerdings beachten, daß Jung-Stillings Rede von dem Zufluchtsort Solyma nicht als Einladung zur Auswanderung gedacht war. Fortwährend spricht Jung-Stilling von seinem Hauptanliegen, mit dem »Heimweh« dem Leser Hilfe zur Heimreise ins ewige Vaterland und zugleich Hilfe zum Kampf gegen die Modephilosophie zu geben. Sogleich zu Beginn der Reise Christians von Ostenheim in seine Heimat, ins Reich des Monarchen im Osten, erinnert ihn sein Vater Ernst Gabriel von Ostenheim daran: »Sein Reich ist nicht von dieser Welt!« Am Ende des dritten Teils des »Heimweh«-Romans formuliert Jung-Stilling selbst die Frage: »Wo liegt denn das Land Solyma?« Er beantwortet sie unmißverständlich: »Im Homannischen Atlas findest du es nicht« und verweist dabei auf die Bibel, welche die genaueste Reisebeschreibung enthalte. Im »Schlüssel zum Heimweh« fragt er schließlich noch einmal, wie der Mensch, der vom Heimweh erfaßt ist, zu seinem Reiseziel Solyma gelangen könne. »Wie kommt er nach Haus? Oder was hat er für einen Weg zu wählen, um am geschwindesten nach Haus zu kommen? Durch Gehen, Fahren, Reiten, und Schiffen kommt man nicht dahin, denn da bleibt man immer am Irdischen hängen, nein! Man muß sich hier loswurzeln und sich dann mit Adlersflügeln gerade aufwärts schwingen.« Mit »Solyma« ist demnach (1) letztlich immer die ewige Heimat bei Gott gemeint; daneben legt Jung-Stilling dem allegorischen Begriff aber noch zwei weitere Bedeutungen bei: (2) »Solyma« sind die von Gott gewollten Verhältnisse im persönlichen Christenleben und (3) die Ordnung der Gemeinde Jesu allgemein.

In der an das »Heimweh« sich anschließenden Zeitschrift, dem »Grauen Mann«, wiederholt Jung-Stilling seit 1795 ständig seine Warnungen vor dem Mißverständnis, er fördere das Ziel einer real-geographischen Auswanderung. Auch im »Nachtrag zur Siegsgeschichte« und im »Taschenbuch für Freunde des Christentums« wie auch schließlich in seiner Korrespondenz erhebt er immer wieder warnend seine Stimme: »Wenn sie euch sagen werden: hier oder dahin müßt ihr fliehen, so müßt ihr ihnen ja nicht gehorchen, ein jeder bleibe auf seinem Posten.« – »Jeder bleibe an dem Ort, wohin ihn die Vorsehung gesetzt hat; keiner gehe von der Stelle, bis er entweder durch die Unsicherheit seines Lebens oder durch gänzliche Einschränkung seines Berufs oder der Glaubensfreiheit oder durch solche Umstände zum Auswandern genötigt wird, die ihn unwidersprechlich, augenscheinlich und sinnlich überzeugen, daß ihn die Vorsehung von seinem bisherigen Posten abrufe.« – »Eigenmächtig darf keiner von der Stelle gehen.« »Wer diesem zukünftigen Zorn noch entfliehen will, der bekehre sich ernstlich.« – »Denke doch ja niemand ans Wegziehen in fremde Länder; es ist wahrhaftig dem Willen Gottes zuwider, jeder muß auf seinem Posten bleiben, solang es möglich ist; ist es Gottes Wille, daß er ziehen soll, so

Der

Graue Mann,

eine

Volksschrift.

———

Herausgegeben

von

Dr. Johann Heinrich Jung,

Hofrath und Professor in Marburg,

sonst auch

Heinrich Stilling

genannt.

———

In zwei Bänden.

Erster Band.

Stuttgart.

J. Scheible's Buchhandlung.

1837.

wird er auch alle Umstände so leiten, daß man unmöglich mehr bleiben kann. Ich kann es nicht genug wiederholen: Seid alle ruhig, meine Lieben, eurer Obrigkeit treu, gehorsam und untertan, auch wenn sie streng und drückend ist; nur wandert aus, wenn man euch euren Erlöser nehmen will, eher aber nicht!« Und der »Graue Mann« von 1816 schließt mit der Mahnung: »Warne, was du warnen kannst, ermahne, was du ermahnen kannst, daß sich doch ja jetzt noch niemand bereden lasse, wegzuziehen. Alles dies voreilige Wesen ist pure Schwärmerei und gerade jetzt in diesem Zeitpunkt die allergefährlichste«, der sicherste Bergungsort sei da gegeben, wo man den »wahren reinen Weg des innern verborgenen Lebens mit Christo in Gott wandelt«.

Diese Position Jung-Stillings wird indirekt bestätigt durch die Zeugnisse der ihm nahestehenden Menschen, seiner Kinder, Freunde und Anhänger, die nun alle gerade keine Auswanderer waren, schließlich auch durch die Anstellung Jung-Stillings am Hofe Karl Friedrichs, dem gegenüber Jung-Stilling sich im geistlichen Sinn als »Mitwaller nach Solyma« bezeichnete. Die Lektüre des »Heimweh«-Romans war es ja, die den Fürsten auf Jung-Stilling aufmerksam machte und sein Vertrauen zu ihm begründete, so daß er ihn schließlich als seinen geistlichen Berater zu sich berief. Karl Friedrich kann das »Heimweh« nicht als Einladung zur Auswanderung verstanden haben. Er entnahm diesem Buch Hilfen für sein persönliches Christsein, für die Leitung seiner Kirche und seines Kurfürstentums nach christlichen Grundsätzen.

Auf der anderen Seite hat Jung-Stilling allerdings neben der genannten dreifachen Bedeutung für »Solyma« noch eine untergeordnete vierte, heilsgeographische Sinngebung hin und wieder mitschwingen lassen, die auf eine real erwartete Zufluchtsstätte der Gläubigen in Rußland hinweist. Die Gründe dafür waren sein Verständnis von Offenbarung 12, die Auslegung der Offenbarung durch Johann Albrecht Bengel, gewisse visionäre Erlebnisse, die ihn in dieselbe Richtung wiesen, und die zunehmende Gegnerschaft gegen die gläubigen Christen, die gegebenenfalls in blutige Verfolgung umschlagen konnte. Von einem »Bergungsort«, einer »Zufluchtsstätte« sprachen damals viele Christen. Einige suchten sie in der Schweiz, andere in Palästina, einige in Nordamerika, andere in Rußland! Aber eine genaue Analyse des »Heimweh«-Romans zeigt, daß Jung-Stilling diese mitschwingende vierte, heilsgeographische Bedeutungsschicht immer wieder an die eigentlichen drei Anliegen gebunden und sie dadurch vor einer Verselbständigung bewahrt hat. Es war demnach ein einseitiges Mißverständnis, wenn ein Leser daraus den Appell vernahm, er solle sich aus dem entchristlichten Deutschland aufmachen und nach Rußland auswandern. Kein Mißverständnis war es hingegen, wenn ein Leser daraus den prophetischen Trost und Hinweis entnahm, Christus halte für seine Gemeinde (nach Offenbarung 12) zur notwendigen Zeit, die er selbst nur bestimmen wird, und am rechten Ort, den er selbst nur weiß, eine Zufluchtsstätte bereit, wo sie, vor den Verfolgern geschützt, den Beginn des Tausendjährigen Reiches abwarten kann. Dieser Hinweis war von Jung-Stilling als Trost gedacht, den der Herr selbst verwirklichen wird. Den Christen hingegen fiel es zu, jener dreifachen Sinngebung entsprechend aktiv zu werden. Um den irdischen Zufluchtsort sollten sie nicht besorgt sein. Dorthin würde sie der Herr schon selber führen, wann, wo und wie er es will.

Man kann daher allenfalls die Ansicht vertreten, daß Jung-Stilling durch sein »Heimweh« die vorhandene Auswanderungstendenz frommer Schwaben zusätzlich genährt und mitbeeinflußt hat, wenn er auch deren damalige Verwirklichung zu verhindern suchte. Aber, wie dem auch sei, die Auswanderer brachten jedenfalls erweckliche Impulse nach Rußland, die dort noch bis heute, nach Jahrzehnten kommunistischer Unterdrückung, als christliches

Ferment weitergewirkt haben, ja sogar teilweise über gläubige Aussiedler in unseren Tagen auf die alte deutsche Heimat zurückwirken. Merkwürdige, letztlich aber doch gesegnete Wege Gottes!

Jung-Stillings Kampf für die Erweckung, vom »Heimweh« im Jahr 1794 eröffnet, setzt sich durch sein ganzes nachfolgendes schriftstellerisches und seelsorgerliches Wirken fort: Die »Szenen aus dem Geisterreiche« (1795) gehören, so mißverständlich auch der Titel klingen mag, nicht zur spiritistischen Literatur. Von dem fiktiven Standpunkt jenseits des Erdenlebens aus brachte Jung-Stilling in Dialogform »eine Einkleidung der Wahrheit, daß auf den Menschen nach dem Tode ein sehr ernstes Gericht warte, und daß ihm gewiß vergolten werde, nach dem er in seinem Leben gehandelt habe, es sei gut oder böse«. Die »Siegsgeschichte der christlichen Religion« (1799) war die Frucht der jahrelangen gründlichen Beschäftigung Jung-Stillings mit der Offenbarung des Johannes. Wie der programmatische Titel des Buches andeutet, verstand Jung-Stilling die Apokalypse als »bildliche Vorhersagung der ganzen Geschichte des Kampfes zwischen dem Erlöser und dem Verderber des Menschengeschlechts von Johannes an bis in die künftige Ewigkeit hinein«: »Diese ganze Offenbarung ist ein Zeugnis der Zukunft Jesu Christi zu seinem herrlichen Reich; alles sehnt sich nach diesem frommen Ziel der schweren und vielen Kämpfe. Der Geist des Herrn, der in allen seinen Gemeinden waltet, der allgemeine Geist des Christentums, sehnte sich von jeher nach dieser Zukunft; das einmütige Flehen aller Christen war immer: Komm, komm, du Längsterwarteter, komm und erlöse uns! Auch der, welcher nach Labung, nach Gewißheit lechzt; wem's um Christum wahrhaft zu tun ist, aber durch den Geist unserer Zeit beständig irregemacht und mit Zweifeln bestürmt wird, der komme zu diesem Zeugnis! Hier kann er ohne Mühe, umsonst, seinen Durst nach Kenntnis von Jesu Christo stillen; die Lehre von der Ver-

Die

Siegsgeschichte

der

christlichen Religion

in einer

gemeinnützigen Erklärung der Offenbarung Johannis.

———

Stuttgart.
J. Scheible's Buchhandlung.

———

1835.

Jung-Stillings Erklärung der Johannesapokalypse, veröffentlicht im Jahr 1799.

söhnung und Gottheit Christi werden in dieser Summe der ganzen Bibel außer allen Zweifel gesetzt. Hier wird das Alte Testament wichtig, weil man sieht, wie das Neue darauf gebaut wird. Wen also dürstet, der komme an die Quelle!« Die Abhängigkeit von Bengel in der Auslegung der Offenbarung veranlaßte Jung-Stilling, nach anfänglicher Skepsis gegenüber der Bengelschen Zeitberechnung, schließlich zu einer chiliastischen Zeitbestimmung: Er erwartete die Fesselung Satans und den Beginn des Tausendjährigen Reiches für das Jahr 1836. Er erhob dafür aber nicht den Anspruch eines Propheten, sondern erklärte: »Es ist mir sehr wahrscheinlich, aber gewiß bestimmen wollen, das ist ausdrücklich verboten. Es kommt mir nicht in den Sinn, weissagen zu wollen, wann der Herr kommen werde. Legen wir nur das Perspektiv weg und sorgen wir nur für Öl auf unsere Lampen!«

Von 1795 bis 1816 gab Jung-Stilling die schon genannte erweckliche Zeitschrift »Der Graue Mann, eine Volksschrift« heraus, die weit über Deutschland hinaus Verbreitung fand. Ihre Hauptgestalt, der Graue Mann, war dem »Heimweh«-Roman entnommen. Seine Aufgabe war es, die wahren Christen zu sammeln. So enthalten die einzelnen Stücke der Zeitschrift Gespräche, Bemerkungen und Briefe, in denen der Graue Mann auf die Zeichen der Zeit hinweist, Ratschläge für die christliche Erziehung erteilt oder auch die neuesten Erbauungsschriften empfiehlt und über die Fortschritte des Reiches Gottes auf den Missionsfeldern berichtet, um damit dem kommenden Herrn den Weg zu bereiten. Charakteristisch ist, daß sich Jung-Stilling nicht selbst einführt, sondern den Grauen Mann als Autor der Zeitschrift ausgibt, der seine missionarische und seelsorgerliche Botschaft an die zeitgenössische Christenheit richtet, um sie aus aller Schläfrigkeit aufzuwecken und für den Dienst des Herrn und seine Zukunft bereitzumachen.

Vergleicht man Jung-Stillings theologische Gedanken

aus den Schriften vor 1790, als er noch im Bannkreis der frommen Aufklärung stand, mit den Grundgedanken der erwecklichen Schriften der Jahre nach 1790, so läßt sich seine Wendung und die dadurch bewirkte Veränderung seiner Theologie deutlich erkennen:

(1) Die Heilige Schrift wurde ihm jetzt zur »einzigen Glaubens- und Erkenntnisquelle«. Dieses, seinen früheren Auffassungen widersprechende reformatorische Prinzip galt ihm nun aber nicht nur in theoretischer dogmatischer Hinsicht, sondern auch im Hinblick auf die praktische Gestaltung seines Lebens als die oberste Norm. Seit 1794 begann er mit einer neuen, besonderen Form der täglichen Bibellese, die er »Bibelübungen« nannte. Sechs Jahrgangs-Bändchen seiner »Bibelübungen« sind erhalten geblieben.[12] Sie ähneln kleinen Notizbüchern. Jung-Stilling notierte auf jeweils einer Seite einen Bibelvers, den er einem biblischen Spruchbuch, seit 1799 den Herrnhuter Losungen, entnahm; darunter trug er seine eigene lateinische und deutsche Übersetzung des Bibelverses ein und schließlich faßte er seine Gedanken in einem Gedicht, einem Gebet oder einer Auslegung in Prosa zusammen. Die Bibel ist ihm jetzt sein »höchstes Gut«, sein »Schatz«. Zu Matthäus 5,18 (»Denn ich sage euch wahrlich: Bis daß Himmel und Erde vergehe, wird nicht vergehen der kleinste Buchstabe noch ein Tüpfelchen vom Gesetz, bis daß es alles geschehe«) schrieb er am 16. Januar 1796 die folgende Anwendung in Gebetsform nieder, die seine erneuerte geistliche Gesinnung im allgemeinen und seine neue Hochschätzung der Bibel im besonderen eindrücklich veranschaulicht: »Himmlischer Vater in Jesu Christo! Du hast dich in deinem Wort offenbart, und du versicherst hier, mein Heiland, durch eine Beteuerung, daß kein Strichlein von diesem Wort verloren gehen soll, solang die Welt steht. Daher soll es mir teuer und in dieser letzten Zeit mein Leitstern sein auf meinem dunklen Wege. Flöße mir eine rechte Lust und Freude ein an deinem Wort und gib mir ein reiches

Maß des Geistes, aus welchem die Heilige Schrift geflossen ist, damit ich es recht verstehe, alle meine Gedanken, Worte und Werke danach richten und so ganz nach deinem Willen leben möge. Erhalte uns, Herr, bei diesem deinem Wort bis an unser und der Welt Ende.«

Ganz folgerichtig gewann Jung-Stilling nun auch ein neues hermeneutisches Prinzip, eine neue Auslegungsweise der Heiligen Schrift. Im Mittelpunkt seiner Bibelerklärung steht nun nicht mehr die christliche Moral, sondern Jesus Christus selbst. »Mein Grundsatz im Bibelerklären ist der: Die Bibel ist ein großes harmonisches Ganzes: Sein Ziel ist Christus, die Erlösung der Menschen durch sein Leiden und Sterben und dann sein Reich. Zu diesem großen harmonischen Ganzen paßt jeder Spruch wie jeder gehauene Stein im Tempel Salomos, und die Erklärung jeden Spruchs kann demzufolge nichts anderes sein als eine Bestimmung alles dessen, was er als Stein im großen Bau leistet, wozu er dient – wofür er da ist, und worüber er mich belehrt und belehren kann.« »Mittelpunkt, Zweck und Ziel« der Bibel »ist Jesus Christus«. Seinem vertieften Verständnis der Bibel und seinem eigenen existentiellen Umgang mit der Bibel entsprechend schätzte er nun auch die zum Bibelgespräch versammelten pietistischen Erbauungskreise und förderte die Bibelverbreitung, wo er nur konnte.

(2) In den Mittelpunkt der Theologie Jung-Stillings trat nunmehr die Botschaft vom Opfertod Christi: »Gott will und muß in Jesu Christo, in seinem Namen, das ist: in seiner Person angebetet werden. Gott außer Christo ist ein metaphysisches Unding; dieses Unding anbeten, ist pure Abgötterei«; »Jesus Christus ist der Gott, der alles regiert. In Christo findet man nur den Vater der Menschen«. »Es ist ... zu unseren Zeiten durchaus nötig, sich bloß am einen Notwendigen zu halten. Der Glaube an Christus, seine Erlösung ist der Pol, nach dem sich unser unverwandter Blick in dieser Nacht des Unglaubens, richten muß.« »Ich ...

blicke nach Golgatha mit unverwandtem Auge.« So erlebte dann auch Friedrich Heinrich Christian Schwarz, seit 1792 Jung-Stillings Schwiegersohn, seinen Schwiegervater; er faßte dessen Theologie im Alter kurz und prägnant zusammen: »Der Gekreuzigte war es, auf den seine Seele immer hinschaute.« Die Botschaft vom Heiland, vom Heil und vom Heilsweg erfüllte sein Denken und Leben, sein Reden und Schreiben, sein Tun und Lassen.

(3) Dieser seiner nunmehr christozentrisch ausgerichteten Theologie entspricht, in eklatantem Gegensatz zu den synergistischen Vorstellungen (Vorstellungen, nach denen der Mensch an der Erlangung des Heils entscheidend mitwirken kann und muß) seiner frühen Schriften, jetzt eine biblisch-reformatorische Rechtfertigungslehre: An der entscheidenden Stelle der Christenreise im »Heimweh«, in Jerusalem, erkennt und bekennt »Eugenius«, daß alle Wege der Vorsehung dahin zielten, ihn zur Glaubensgerechtigkeit zu führen, und daß alles Gute in seinem Leben eine Frucht des Leidens Christi und nicht das Resultat eigenen Könnens und eigener Leistung darstellt. Jung-Stilling vertrat nach der Wende von 1790 nicht mehr eine Restitution eigener Verfehlungen als Voraussetzung zur Seligkeit, sondern berief sich ganz auf die Gerechtigkeit Christi: »Und wenn ich fehle, ach so siehe dann / auf Golgatha den Bürgen an, / als wär es mein, was er aus Lieb für mich getan.« »Gib mir das wahre Hochzeitskleid deiner Gerechtigkeit« – »ich kann nichts, du kannst alles, von dir erwart ich auch alles.« An seinen Freund Dann in Stuttgart schrieb Jung-Stilling am 5. April 1797 von dem »Hauptpunkt«, auf den alles im Christenleben ankomme: das eigene gänzliche Verderben zu erkennen und die vollgültige Erlösungstat Christi am Kreuz im Glauben anzunehmen. »Dies ist eigentlich der Kern des Christentums, und alles andere Schale. Solange man diese Rechtfertigung noch nicht an sich erfahren hat, so lange zerarbeitet man sich im eigenen Wirken und kommt doch immer tiefer in den Jammer.« In

seinem »Rückblick« von 1804 bekennt Jung-Stilling: »Dieser Gottmensch Jesus Christus erlöste die gefallene Menschheit durch seinen blutigen Opfertod von der Sünde, vom Tode und von der Strafe der Sünden. In diesem blutigen Opfertod liegt der Grund zur Versöhnung mit Gott, zur Vergebung der Sünden, folglich auch der Seligkeit.« Wie die Reformation im 16. Jahrhundert und die Erweckungsbewegung im 19. Jahrhundert, so entstand auch Jung-Stillings erweckliche Wirksamkeit aus der Erkenntnis des »Christus für uns«.

(4) Jetzt erst findet sich bei Jung-Stilling auch eine ausgeprägte Pneumatologie und insofern auch ein volles trinitarisches Gottesbild: »Der Heilige Geist, der Geist des Vaters und des Sohns ist wahrhaft ein Wesen, mit dem Vater und dem Sohn gleicher göttlicher Natur.« Nur wer von diesem Geist geleitet wird, kann die Bibel recht verstehen, andernfalls »bleibt sie ein toter Buchstabe, ein versiegeltes Buch«. Nur durch den Heiligen Geist kann der Mensch Christus im Glauben erfassen. Nicht der wohlerzogene und einsichtige Mensch kann dem Vorbild Christi folgen. Christi Sittenlehre und selbst deren »wärmster Vortrag« richten gar nichts aus: Zum rechten Verhalten des Menschen muß der Geist Gottes »alles tun«. Der Heilige Geist ist der »Lehrer«, der »Führer«, der »Tröster«, der »Heiligmacher« und »Vollender« der Christen; er allein kann vor dem Zeitgeist bewahren, er allein muß den Menschen erfüllen, erziehen und regieren. Darum ist es auch unabdingbar notwendig, das aktuelle Gebet um den Heiligen Geist ständig zu wiederholen. In diesem Sinn wünscht Jung-Stilling seinem Freund J.F. v. Meyer und sich selbst: »Der Geist unseres Herrn Jesu Christi sei das Element unseres Lebens und Wirkens.«

(5) In deutlichem Kontrast zu dem optimistischen Menschenbild seiner frühen Schriften hat Jung-Stilling jetzt das biblisch-realistische Menschenbild vor Augen. Er kann von keinem Menschen mehr sagen, daß er von Natur aus

zum Guten fähig ist, sondern er bekennt mit der Bibel: »Das Dichten und Trachten des menschlichen Herzens ist böse von Jugend auf und immerdar.« »Die Tiefen der Unlauterkeit des menschlichen Herzens sind unergründlich.«

> »Mein ganzes Ich ist von Natur verdorben,
> Mein Geist durchaus mit schnöder Lust befleckt,
> Durchaus von Sünden Aussatz angesteckt,
> Und jede Kraft zum Guten ist erstorben,
> Drum reicht auch alles, was ich wirk und tu,
> Auf keinen Fall, dem, was ich tun muß, zu.
> Wenn du mit mir, Herr, ins Gericht willst gehen,
> Mir nach Gerechtigkeit mein Urteil fällst,
> Und jede Tat ins Licht der Wahrheit stellst,
> So kann nicht eine auf der Prob bestehen,
> Nicht eine ist aus Tausenden so rein
> Wie sie vor deinem Angesicht muß sein.
> Drum wend ich mich zu dir, o mein Erlöser!
> Nur du allein kannst tilgen meine Schuld,
> In dir sieht mich der Richter an mit Huld,
> Durch deinen Tod ward sein Erbarmen größer,
> Als meine Schuld, drum geb ich ewig dir
> Mich selbst zum Eigentum, du gibst dich mir!«

Angesichts dieses Menschenbildes spricht Jung-Stilling auch von der Notwendigkeit der Bekehrung und der Wiedergeburt. Ethisches Handeln kann nach seiner jetzt gewonnenen Überzeugung nicht gelehrt und anerzogen, sondern nur als »natürliche Folge des Erlösungsgeschäfts« gewonnen werden.

(6) Vom Bösen spricht Jung-Stilling nicht mehr im neutrischen Sinn und im pädagogischen Kontext, sondern nach seiner jetzigen Erkenntnis muß er klar und deutlich die Macht »Satans«, das Wirken der »bösen Geister« und das »Reich der Finsternis« beim Namen nennen. Damit hat Jung-Stilling in einer Zeit der Zersetzung des christlichen Sündenbegriffs durch den Rationalismus die ursprüngliche biblische Anschauung vom Bösen neu entdeckt und ver-

treten. Jung-Stilling sieht die menschliche Geschichte und das Leben des einzelnen in den Kampf zwischen dem Reich des Lichts und dem Reich der Finsternis einbezogen. Demnach ist für ihn die Geschichte Heilsgeschichte, weil er sie von dem vollbrachten Sieg Jesu und der endzeitlichen Verwirklichung des Sieges Jesu über den Satan her beurteilt.

(7) Unter dem Eindruck der Französischen Revolution begann Jung-Stilling, wie oben gezeigt, sich intensiver mit der biblischen Eschatologie zu beschäftigen. Immer mehr verstärkte sich bei ihm der Eindruck: »Er kommt bald.« Von hier aus gewann Jung-Stilling eine veränderte Sicht der Welt und ihrer Geschichte. Aus der optimistischen Zukunftserwartung der frühen Schriften mit dem Ziel der Umgestaltung der Welt zu einem Paradies wird eine geistliche Aufbruchstimmung angesichts der nahen Zukunft des Herrn. Der Blick rückt von dem geschichtsgestaltenden Menschen weg auf den Kampf zwischen Himmel und Hölle und auf den Sieg des Herrn. Aus Weltgeschichte wird Heilsgeschichte.

(8) Auch Jung-Stillings Verständnis der Kirche und sein Verhältnis zur Kirche hat sich nunmehr verändert. Während er die Kirche in seinen frühen Schriften als Institution des Staates zur Hebung der allgemeinen Sittlichkeit bewertete, spricht Jung-Stilling jetzt von der »Gemeinde, die du dir hast erkauft mit deinem teuren Blut«. Er nennt sie seine »Mutter« und betet für sie: »Gott, welch ein schreckliches Schicksal ist es, daß die Örter, wo dein Leuchter so hell glänzte, gewöhnlich zuerst wieder Schulen des Satans und des Widerchristen werden! Laß es doch nun bald dahin kommen, daß wir deine Knechte werden, die eine dauerhafte an die Ewigkeit grenzende Kirche bauen können, die auch den Pforten der Hölle zu widerstehen vermag! O mein Gott, gib mir doch Kraft und Weisheit, zu diesem großen Zweck zu wirken!« Jung-Stilling möchte die Ursachen für das Elend der Kirche herausfinden und dazu mithelfen, »die verfallenen Mauern Jerusalems« wieder aufzu-

bauen. Eine der Zielsetzungen des »Heimweh«-Romans ist es, der leidenden Kirche zu neuem Leben zu verhelfen. Ausführlich behandelt er daher den Aufbau eines neuen Kirchentums. »Alles ruht auf guten Kirchenlehrern.« Zur Abwehr der Schwärmerei betont Jung-Stilling die Notwendigkeit der Ordination und der Bekenntnisbindung für die Pfarrer und die Notwendigkeit der täglichen Buße und des Sündenbekenntnisses für alle Christen. Nicht Gedanken und Gefühle, sondern die Gebote Gottes müssen die Richtschnur des Lebens sein. Bleibende Wachsamkeit gegenüber Freigeistern, fleißige Seelsorge, besonders an Gefährdeten, treue Pflege der Einigkeit im Geist und eifrige Missionsarbeit sind Aufgaben und Merkmale einer erneuerten Kirche. Ein »Stilling« im Sinne eines passiv-beschaulichen, gar introvertierten Grüblers war Jung-Stilling nie gewesen, nun aber richtete er seine ganze Aktivität auf die Anliegen der Reich-Gottes-Arbeit.

(9) Jung-Stilling pflegt jetzt ein neues Verhältnis zur Brüdergemeine, zur Deutschen Christentumsgesellschaft und zu allen übrigen Unternehmungen der Inneren und Äußeren Mission innerhalb der beginnenden Erweckungsbewegung. Mit ihnen zusammen möchte er den einzelnen Christen auf seinem Glaubensweg stärken, »Kämpfer« für die Sache Christi »wecken und anwerben«, den Zeitgeist bekämpfen, die Kirche erneuern und das Reich Gottes auf der ganzen Welt in jeder erdenklichen Weise fördern. Jetzt fällt er ein anderes Urteil über die Erbauungsstunden: Wenn die Gefahr der Sektiererei und des geistlichen Hochmuts abgewehrt bleibt, stiften »solche Erbauungsstunden wahren Nutzen«. Diese neue Überzeugung klingt wie eine späte positive Antwort auf die einst in Kaiserslautern zerbrochene Freundschaft mit seinem pietistischen Kollegen Ludwig Benjamin Schmid.

(10) Israel tritt als endzeitliches Gottesvolk neu in den Gesichtskreis Jung-Stillings. Während es im »Volkslehrer« noch darum ging, »daß ihr den Juden kein Unrecht tut«,

sieht Jung-Stilling in Israel jetzt den »Feigenbaum (Hinweis auf Matthäus 24,32ff.). Mit großer Spannung verfolgt er die Nachrichten über die Heimkehr der Juden nach Palästina und setzt sich für die Judenmission ein.

(11) Mit der Wende um 1790 verbindet sich ein verändertes Selbstverständnis: Aus dem »Menschen- und Staatenbeglücker« Jung-Stilling wird der »Aufrufer in der Wüste«, der »Missionarius in der Aufklärung« und der »Zeuge der Wahrheit«, dessen Aufgabe darin besteht, sein geistliches Wächteramt auszuüben, zur Buße zu rufen und vor allem »Jesus Christus viele Seelen zuzuführen«. Aus dem Volkswirtschaftler und Volkspädagogen ist der Volksmissionar geworden, aus dem Kosmopoliten der christliche Allianzmann. An die Stelle eines Systems von Lehren und Handlungsanweisungen ist der missionarisch-erweckliche Ruf zur Entscheidung und die gewissenhafte Seelsorge getreten. Aus dem »Mittelweg« ist der »schmale Weg« geworden: »Meine Lieben, seid entweder ganz Christen nach dem wahren altevangelischen System, oder seid ganz Naturalisten, so weiß man doch, wie man mit Euch dran ist. Denkt an Laodizea! Der Mittelweg ist eine Falle, die der Satan den Menschen gestellt hat.«

(12) Die Absage an den »Mittelweg« nimmt von nun an Jung-Stillings ganze Existenz in die Pflicht. Wie es seine geheimen Tagebücher ausweisen, will er beständig in Gottes Nähe sein und äußerst gewissenhaft »vor dem Herrn« leben. Bußfertigkeit, Heiligungsstreben und intensives Gebetsleben sind, neben den »Bibelübungen«, die konstitutiven Elemente seiner täglichen geistlichen Existenz. An die Stelle des alten Begriffs »Hauptzweck«, der die frühen Schriften beherrschte und auf den Dienst an der Gesellschaft hinzielte, ist nun ein neuer Leitbegriff getreten, der Jung-Stillings Denken und Handeln dann bis zum Lebensende bestimmt: »Das Eine, was not ist« nach Lukas 10,42, das für ihn darin besteht, »ganz für den Herrn zu leben und zu sterben«. Wenn Jung-Stilling je ein Sonderling war,

dann in dem Sinn, daß er sich jetzt vom Zeitgeist absonderte und in fester Verbindung mit den Gläubigen seiner Zeit zur Pilgerreise auf dem schmalen Weg biblischen Glaubenslebens einlud.

In den genannten 12 Elementen sind nicht allein die Merkmale des nach der Wende um 1790 veränderten Lebens Jung-Stillings, sondern zugleich die wichtigsten Elemente der Erweckung zu erblicken.

Mit Jung-Stillings Hinwendung zur Erweckung waren zwar die Anfechtungen in seinem Leben nicht beendet – sie sind in keinem Christenleben je beendet. Aber das Gewicht der Anfechtungen war ein anderes. Jung-Stillings Hinwendung zur Erweckung war keine Beschränkung auf Gott und die Seele, war kein Rückzug von der Welt und von der Weltverantwortung, keine Vernachlässigung der Aufgabe, die biblische Botschaft zeitgemäß auszurichten, keine Preisgabe der Überzeugung, daß aus dem christlichen Glauben auch für Staat, Gesellschaft, Wirtschaft und Kultur hilfreiche Impulse ausgehen können und sollen, keine Flucht vor der geistigen und religiösen Herausforderung durch die Aufklärung und kein Verzicht auf die positiven Errungenschaften der Aufklärung. Aber Fundament, Inhalt und Ziel seines Lebens wurden anders und damit auch die Auswirkungen seines Lebens auf andere. Jung-Stilling hatte zur Mitte der Heiligen Schrift, zum Evangelium, zurückgefunden. Nach seinen langjährigen Glaubenszweifeln wurde es ihm um so kostbarer, und er vertrat es um so entschiedener, werbender und dringlicher. Jung-Stilling hat in einer Zeit des allgemeinen Abfalls vom biblischen Glauben und nach der Erschütterung seines eigenen Glaubens die zeitlos gültige, rettende und frohmachende Wahrheit neu entdeckt, dankbar festgehalten und treulich an andere weitergegeben. So wurde er ein reich gesegneter Mann, so wurde er zum »Patriarchen der Erweckung«.

10. Alter und Lebensende (1803-1817)

»Mit einer innigen Seelenruhe« war Jung-Stilling am 18. September 1803 von seiner Unterredung mit Kurfürst Karl Friedrich im Mannheimer Schloß nach Heidelberg zurückgekehrt. Mit noch entschiedenerer Ausrichtung auf das Reich Gottes wollte er nun die ihm verbleibende Lebenszeit einsetzen. In das Heft, in das er seine »Bibelübungen« eintrug, notierte er am 14. Oktober 1803 zu der Tageslosung Jeremia 1,7 (»Sage nicht, ich bin zu jung, sondern du sollst gehen, wohin ich dich sende, und lehren, was ich dir befehle«) folgende Reimbetrachtung:

> Herr, zeig mir stets die rechte Spur!
> Wenn die Vernunft sucht eig'ne Pfade
> und widerstrebet deiner Gnade,
> so folg ich deinem Willen nur.
>
> Gebeut, o Herr, und lehre mich
> nur immer dein' Befehl recht kennen,
> zu folgen ihm, vor Eifer brennen,
> für nichts zu leben als für dich.
>
> Verkünd'gen will ich nur dein Wort,
> mit eigner Weisheit mich nicht brüsten,
> dein Kreuz zu tragen stets mich rüsten,
> dir redlich folgen fort und fort.
>
> Und ruhen will ich, wann du ruhst,
> nur wirken, wann dein hoher Wille
> mich winkt aus meiner dunklen Stille:
> nur gut ist, was du willst und tust.

Viel Zeit benötigte Jung-Stilling in den ersten Wochen des neuen Lebensabschnitts für äußere Aufgaben. Er mußte seine Bibliothek und seine Studierstube einrichten, »welche Geschäfte aber durch eine Menge Briefe und Gesuche, auch von Augenkranken, fast täglich unterbrochen wurden«. Auf zahlreichen Spaziergängen erwanderte er von neuem die Stadt Heidelberg und ihre Umgebung, er besuchte das Schloß und immer wieder gern den nicht weniger berühmten Wolfsbrunnen, den Hort der Romantiker. Die Entlastung von beschwerlichen akademischen Pflichten erleichterte ihm das Leben. Viele Besucher aus nah und fern und aus verschiedenen Gesellschaftsschichten kamen in Jung-Stillings Wohnung in der Plöck. Er nahm sich die Zeit, auswärtigen Gästen die Stadt zu zeigen und mit ihnen – möglichst zum Wolfsbrunnen – spazieren zu gehen. Er pflegte Verbindung zu Pfarrern in der Stadt (Mieg, Bähr, Koopstatt) und in umliegenden Gemeinden (Salzer in Wiesloch, Bender in Rohrbach, Centurier in Schönau); er erfreute sich auch gelegentlich an einem Konzert oder nahm mit seiner Familie an einer Weinlese teil. Er besuchte sonntags den Gottesdienst in der Heiliggeistkirche, wo er am liebsten den Pfarrer Johannes Bähr (1767-1828) hörte, dessen theologische Grundrichtung sich je länger, desto mehr einer antirationalistischen, der Reformation und der Erweckung gegenüber freundlich gesinnten Linie zuneigte; – Bähr wurde im Jahr 1826 als Nachfolger von Johann Peter Hebel Prälat der badischen Landeskirche. Die Autorität, die Jung-Stilling in den pietistisch-erwecklichen Kreisen genoß, zeigt sich darin, daß er immer wieder von »Brüdern«, wie er sie ausdrücklich in seinem Tagebuch nennt, aus der Umgebung aufgesucht wurde (z.B. Bühler aus Seckenheim, Remelius aus Ladenburg, Seib aus Heddesbach).

Den größten Teil seiner Zeit nahm die Korrespondenz in Anspruch. Karl Friedrich hatte ihm ja aufgetragen, an seiner Stelle »durch Briefwechsel und Schriftstellerei Religion und praktisches Christentum zu befördern«. Jung-Stilling schrieb einige Erzählungen, arbeitete an der Fortsetzung des »Grauen Mannes« und befaßte sich mit dem Plan zur Gründung einer »Gesellschaft zur Austeilung erbaulicher Schriften«. Aber mit besonderem Eifer machte er sich an die Abfassung von »Heinrich Stillings Lehrjahren«, des fünften und nach seiner Überzeugung »bei weitem wichtigsten« Teils seiner »Lebensgeschichte«, den er abschnittweise im Familienkreis vorlas und bis Weihnachten 1803 fertigstellte. Die »Lehrjahre« schildern die Marburger Zeit mit der geistlichen Wende und dem Beginn der erwecklichen Tätigkeit. Gegen Ende Dezember schrieb Jung-Stilling den »Rückblick auf Stillings bisherige Lebensgeschichte«, das geistliche Resümee aus allen fünf Teilen der »Lebensgeschichte«, das er mit der Warnung vor dem »Mittelweg«, dem Aufruf an seine Leser schloß: »Liebe Brüder! liebe Schwestern alle! Wir wollen uns an den Vater unseres Herrn Jesu Christi, an Jesum Christum und seinen Geist treulich halten, die Heiligen Schriften Alten und Neuen Testaments, so wie wir sie haben, und wie sie der gesunde Menschenverstand versteht, für unsere einzige Glaubens- und Erkenntnisquelle annehmen. Er kommt bald, und dann wird er unsere Treue gnädig ansehen. Amen.« An das Ende setzte er das selbstgedichtete Lied (Melodie: »Wie groß ist des Allmächtgen Güte«), dessen letzte Strophe nach einem Ausblick auf die Ewigkeit den Gedankengang krönt:

> »Bis dahin ströme Gottes Frieden
> und hoher Mut ins matte Herz!
> und leite meinen Gang hienieden
> und meine Richtung himmelwärts!
> Nun will ich goldne Körner streuen,
> dann leite mich nach deinem Rat!
> Und laß auch endlich wohlgedeihen
> des müden Pilgers Tränensaat!«

Allmählich und stetig zunehmend wurde Jung-Stilling außer auf den beiden, ihm vom Fürsten übertragenen Arbeitsgebieten (seelsorgerlicher Briefwechsel und erweckliche Schriftstellerei) auch durch die Beratung Karl Friedrichs gefordert. So erbat sich der Fürst beispielsweise den

Rat Jung-Stillings zur Besetzung der theologischen Lehrstühle in Heidelberg und zu ethischen Grundsatzentscheidungen seiner Politik.

Im Familienleben stellten sich freilich wieder neue schwere Nöte ein, bedrohliche Krankheiten der Kinder und neue wirtschaftliche Schwierigkeiten. So waren die ersten Monate in Heidelberg trotz des getrosten Neubeginns und trotz aller schönen Erlebnisse doch auch wieder belastet, und Jung-Stilling hatte gegen seine alte Neigung zur Schwermut zu kämpfen.

Aus trübsinnigen Gedanken holte ihn im Frühjahr 1804 eine erneute Einladung zu augenärztlicher Tätigkeit nach Herrnhut, wo er im Jahr zuvor so viel innere Stärkung erfahren hatte. Zudem wurde ihm, wie schon so oft in ähnlicher Lage, von einer wohlhabenden Gönnerin ein Geldbetrag angekündigt, der ihn aus seinem finanziellen Engpaß herausführte. Jung-Stilling erstattete dem Kurfürsten Bericht über die Einladung in die Lausitz, Karl Friedrich freute sich darüber und wollte ihn lediglich zuvor noch ein paar Tage bei sich haben. So fuhr Jung-Stilling nach Karlsruhe und verbrachte dort »einige vergnügte Tage« in der Gesellschaft des Kurfürsten. Karl Friedrich trug ihm auf, sich auf der Herrnhuter Predigerkonferenz nach einem geeigneten Mann für den neu einzurichtenden lutherischen Lehrstuhl in Heidelberg umzusehen und mit der Leitung der Brüdergemeine über die Möglichkeit zur Gründung einer Ansiedlung in Baden zu sprechen. Am 3. April 1804 brach Jung-Stilling in Begleitung seiner Frau nach Herrnhut auf. Wegen seiner »öftern Anfälle von Magenkrampf« wollte er nicht allein reisen. In Herrnhut verbrachte das Ehepaar Jung eine wertvolle Zeit. Jung-Stilling wurde besonders von der Predigerkonferenz am 30. Mai beeindruckt, zu der er eingeladen worden war. Mit den beiden Aufträgen seines Fürsten kam er in Herrnhut nicht zum Ziel. Die Unitätsältestenkonferenz sah sich nicht in der Lage, parallel zu den Vorbereitungen für die Gründung der – damals noch

Heidelberg 1. 8br. 1804

Jung-Stilling kümmert sich um Fragen der Lehrstuhlbesetzung an der Universität Heidelberg

auf württembergischem Boden liegenden – Siedlung Königsfeld (gegr. 1806) auch noch eine zweite Siedlung im Badischen zu beginnen, obgleich ein wohlhabender Mann in Heidelberg, Oberst von Trapp, bereit war, das Kloster Neuburg bei Heidelberg für die Brüdergemeine zu erwerben. Königsfeld gelangte aber im Jahr 1810 an das Großherzogtum Baden, so daß Karl Friedrichs Wunsch schließlich doch noch in Erfüllung ging. Einen geeigneten lutherischen Theologen wußte man in Herrnhut wohl nicht zu nennen. Jedenfalls wurde kurze Zeit später Jung-Stillings Schwiegersohn Friedrich Heinrich Christian Schwarz als lutherischer Theologe nach Heidelberg berufen. Ein Vierteljahr nahm die Reise in Anspruch, die Jung-Stilling und seine Frau auch nach Görlitz, Dresden, Leipzig, Erfurt und Marburg führte und die ihnen beiden, wie Jung-Stilling ausdrücklich versichert, »zur Belehrung und Heiligung ausnehmend förderlich« war. Am 4. Juli 1804 kehrten sie nach Heidelberg zurück.

Bald darauf wurde Jung-Stilling in Heidelberg mit der Hofkutsche abgeholt und nach Schwetzingen gefahren. Während er mit dem Fürsten zu Tisch saß, eröffnete ihm dieser seinen Wunsch: »Lieber Freund! Ich gehe nun bald nach Baden (= Baden-Baden); Sie müssen mit mir auf einige Wochen dahin gehen, denn ich habe Sie gern in der Nähe.« So verbrachte Jung-Stilling mit seiner Frau und seiner von einer Krankheit geschwächten Tochter Christine einige Wochen in Baden-Baden. Dort wohnte er im Gasthaus zum Salmen (an der Stelle des späteren Augustabades). Von Zeit zu Zeit besuchte er den Kurfürsten auf Schloß Favorite; er behandelte Augenpatienten, schrieb Briefe und arbeitete an seinen schriftstellerischen Aufgaben.

Während des Aufenthaltes in Baden-Baden hinterließ Jung-Stilling eines Tages allein schon durch seine äußere Erscheinung, ohne ein einziges Wort zu sprechen, einen tiefen Eindruck bei einem nicht Geringeren als Johann Peter Hebel, der in einem Brief vom September 1804 seinem

Johann Peter Hebel (1760–1826)

Freund Hitzig davon berichtet, wie er im Sommer jenes
Jahres in Baden-Baden auf der Straße einem »Geweihten
vom heiligen Reich Gottes« begegnet sei, einem von denen, »die wie aus einer andern Welt zu uns zu kommen

scheinen, und die Bürgschaft einer andern Welt uns mit Blick und Ton und Wort ins Herz zu legen wissen. So einen hab ich . . . – nicht gesprochen, aber gesehen, und erkannt für das, was er ist. Er zog unter dem großen Gewühl von Badegästen aller Art zuerst meine Aufmerksamkeit an sich und hielt sie, wo er zu sehen war, anschließend fest. Ich taxierte ihn zuerst nach einem dunkeln Gefühl für einen wallonischen Geistlichen. An der Tafel gings mir wie ein Licht in der Seele auf, daß Stilling im ›Heimweh‹ sagt, die echten Jünger Jesu (in seinem Sinne) haben etwas in Miene und Haltung, das sie auf den ersten Blick kennbar macht und nicht nur von den übrigen Menschen, sondern selbst von den frömmelnden und spielenden Lammesjüngern sicher unterscheidet. So einer, dachte ich, ist dieser Mann – und ich wäre gerne auch so einer. Aber ich bin einmal im

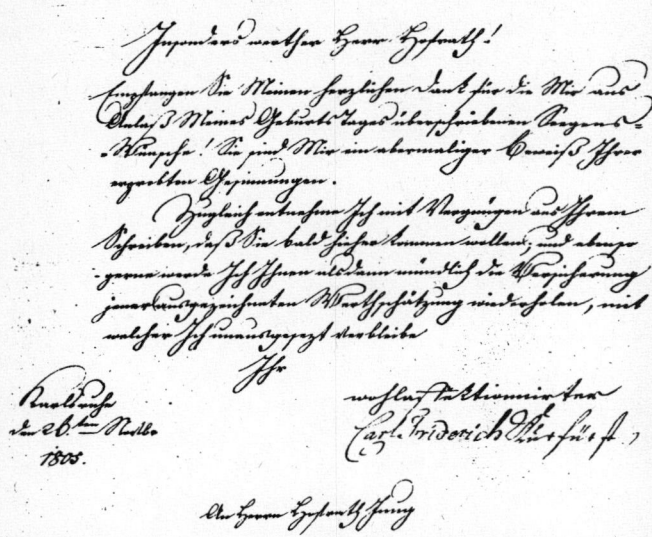

Brief des Kurfürsten Karl Friedrich von Baden an Jung-Stilling aus dem Jahr 1805

Leben an ihnen vorübergegangen, und der mißverstandene Nikodemus sagt sehr richtig: Wie kann ein Mensch wieder in Mutterleib zurückkehren und von neuem geboren werden. Ich hätte den andern Mittag geradezu die Laufgräben gegen ihn eröffnet. Aber ich war an eine andere Table d' Hote eingeladen und fuhr nach Tisch wieder fort. Indessen kann ich dem Heinrich Stilling, wo ich ihn sehe, die Richtigkeit seiner physiognomischen Behauptung verbürgen, denn wie ich in der Folge erfuhr, war es – er selber. Eine Minute unter solchen Menschen schafft mich zum frommen gläubigen Kinde um, das alle hebräische und griechische Weisheit und Torheit vergißt . . .«

Das ist auch noch für den heutigen Leser ein bewegendes Zeugnis! Man spürt Hebels Worten tiefen Respekt vor der Glaubwürdigkeit und der geistlichen Vollmacht ab, die ihm aus Jung-Stillings Gestalt und Wesen entgegenkam. Ja, noch mehr: Hebel empfand bei dieser einen flüchtigen Begegnung allein durch die gewinnende Ausstrahlung Jung-Stillings ein gewisses »Heimweh« nach der Glaubenswelt dieses Jüngers Jesu, der er im übrigen eher kritisch bis ablehnend gegenüberstand.

Jung-Stillings Verbindung zu Kurfürst (seit 1806 Großherzog) Karl Friedrich gestaltete sich immer enger und vertrauensvoller. Karl Friedrich schätzte Jung-Stillings geistige und geistliche Fähigkeiten und legte Wert auf seinen Rat; er wußte, daß Jung-Stilling gemäß seinem Versprechen, »ernstlich morgens und abends auf den Knien« für ihn zu beten, treu hinter ihm stand. Aber auch Jung-Stilling schätzte seinen fürstlichen Freund überaus – »solch einen großen und edlen Menschen hab ich noch nie gesehen«! Im Jahr 1806 äußerte Karl Friedrich den Wunsch, Jung-Stilling beständig in seiner Nähe zu haben. So verbrachte Jung-Stilling nach mehreren Wochen augenärztlicher Tätigkeit in der Schweiz im Sommer 1806 den Winter 1806/07 ununterbrochen in Karlsruhe; er bewohnte einige Zimmer im Schloß, wo er arbeiten und Rat- und Hilfesu-

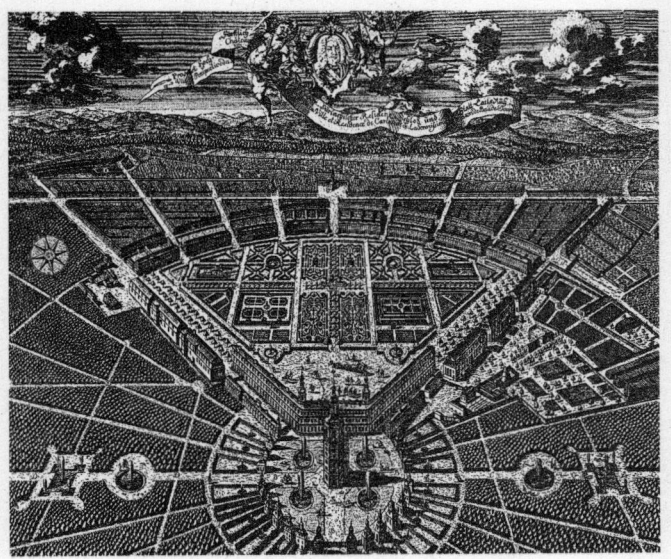

Karlsruhe (Kupferstich aus dem Jahr 1739)

chende empfangen konnte. Vormittags erledigte er seine zwei Hauptaufgaben, Briefseelsorge – in den ersten elf Wochen des Jahres 1807 erhielt er 224 Briefe; er hatte »Korrespondenzen an Vertraute in Asien, Europa und Amerika« – und erweckliche Schriftstellerei. Dann speiste er um 13 Uhr an der kurfürstlichen Tafel, und schließlich stand er von 13.30 bis 15.30 Uhr und später wieder von 19 bis 22 Uhr dem Kurfürsten zur Verfügung. Oft las er ihm in den Abendstunden aus dem »Heimweh« vor. Da Jung-Stilling nicht ständig von seiner eigenen Familie getrennt sein wollte, bat er Karl Friedrich im Februar 1807 um eine Verlegung des Wohnsitzes seiner Familie nach Karlsruhe. Karl Friedrich ließ für Jung-Stillings Familie eine Wohnung in der Stadt besorgen (Waldstraße 10, nahe beim Schloß),

185

während Jung-Stilling selbst sein Arbeitszimmer im Schloß und seinen Platz an der großherzoglichen Tafel behielt. Daraufhin bereitete Jung-Stilling in Heidelberg seinen Umzug vor; er sichtete seine 40 Jahre umspannende Korrespondenz und vernichtete dabei – nach seiner eigenen Schätzung – ungefähr 15.000 Briefe. Am 17. Juni 1807 zog die Familie um. Im gleichen Jahr ernannte Karl Friedrich seinen geistlichen Berater zum Geheimen Hofrat, eine Ehrung, die Jung-Stilling auch eine spürbare Besoldungszulage einbrachte. Die äußere Bewegungsfreiheit Jung-Stillings war in dieser Zeit eingeschränkt, da er sich meist in der Nähe des Großherzogs aufhalten sollte. Karl Friedrich spürte, wie sehr er geistlichen Beistand brauchte, um persönlich auszureifen und sein Amt in geistlicher Verantwortung auszuüben (»mein Hermelin verbirgt die schweren Ketten, die mir mein Amt auferlegt«). Seine Kräfte nahmen bald ab. Ungefähr seit 1808 war es offensichtlich, daß neben den körperlichen auch die geistigen Kräfte des Fürsten schwanden. Karl Friedrichs Enkel und späterer Nachfolger, Erbprinz Karl, wurde daher als Mitregent herangezogen. Als es mit Karl Friedrichs Leben zu Ende ging, weilte Jung-Stilling nicht in Karlsruhe, sondern in Straßburg, wo er auf drängende Bitten hin wieder mehrere Augenoperationen vorzunehmen hatte. Karl Friedrich starb am 10. Juni 1811. Oberhofprediger Walz betete mit dem Sterbenden im Beisein der großherzoglichen Familie. Das Ende trat ein bei den Worten: »Herr, nun läßt du deinen Diener in Frieden fahren.« Karl Friedrichs sterbliche Hülle wurde am 24. Juni 1811 in die Gruft der Schloßkirche zu Pforzheim überführt. Noch am Todestag erhielt Jung-Stilling Nachricht von dem Ableben des Großherzogs. Er drückte der großherzoglichen Familie brieflich sein Beileid aus und schrieb einen warmen Nachruf auf Karl Friedrich im »Grauen Mann«; hier liest man: »Karl Friedrich, Großherzog von Baden, verrichtete seine Morgen- und Abendandachten mit seiner Gemahlin im Schlafzimmer allein.

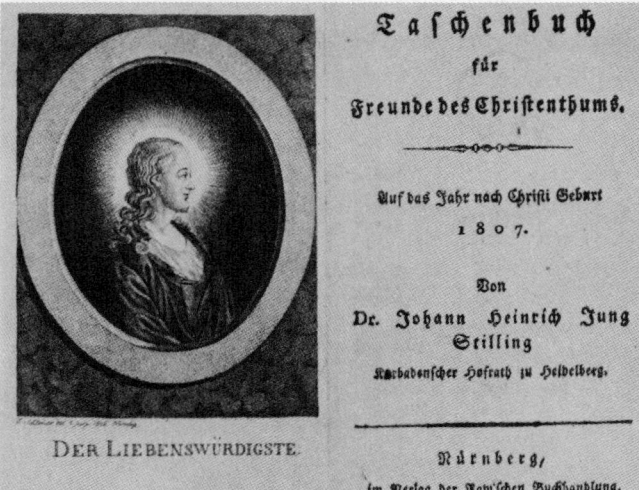

DER LIEBENSWÜRDIGSTE.

Taſchenbuch
für
Freunde des Chriſtenthums.

Auf das Jahr nach Chriſti Geburt
1807.

Von
Dr. Johann Heinrich Jung
Stilling
Kurbadenſcher Hofrath zu Heidelberg.

Nürnberg,
im Verlag der Raw'ſchen Buchhandlung.

Eine der erwecklichen Zeitschriften Jung-Stillings

Wenn er zur Tafel ging, so betete er hinter seinem Stuhl kurz und in stiller Andacht; dann setzte er sich und nun auch seine Genossen ... In den fünf Jahren, in welchen ich täglich um ihn war, habe ich kein unnützes Wort von ihm gehört, und das ist wahrlich viel gesagt, aber wahr.«

Seine literarischen Arbeiten beschäftigten Jung-Stilling fortwährend. So veröffentlichte er von 1803 bis 1807 die Zeitschrift »Der christliche Menschenfreund in Erzählungen für Bürger und Bauern«, von 1805 bis 1816 eine weitere Zeitschrift, das »Taschenbuch für Freunde des Christentums«, und von 1808 bis 1816 eine dritte, »Des christlichen Menschenfreunds biblische Erzählungen«. Alles, was er schrieb, sollte »auf Jesum Christum und seine Erlösung hinweisen«, »den Unglauben und die heutigen neologi-

187

schen (Neologie = aufklärerische Richtung in der evangelischen Theologie des 18. Jahrhunderts) Grundsätze und ihre Schwäche zeigen« und die drei »Hauptwahrheiten der christlichen Religion« einprägen, nämlich die völlige Erlösungsbedürftigkeit des Menschen, die Gottmenschheit Christi und seinen versöhnenden Opfertod. Um sein erweckliches Schrifttum an den Mann zu bringen, hatte er ein Verteilernetz aufgebaut. So schrieb er beispielsweise im Jahr 1807 an einen Freund in der Schweiz, es träfe bald »ein Paket vom vierten Heft des christlichen Menschenfreunds zum Austeilen« ein. Solange Karl Friedrich lebte und dazu in der Lage war, legte ihm Jung-Stilling regelmäßig die neuesten Veröffentlichungen aus seiner Feder vor. Der fürstliche Freund und Auftraggeber sollte sich davon überzeugen, daß Jung-Stilling seinem Doppelauftrag von 1803 gewissenhaft nachkam.

Die bedeutendste Schrift dieser Jahre, die »Theorie der Geisterkunde« (1808), widmete Jung-Stilling »Seiner Königlichen Hoheit, Herrn Carl Friedrich, Großherzog zu Baden, dem Patriarchen der Fürsten und Christusverehrer auf dem Thron«.[13] Wie Jung-Stilling berichtet, hatte ihn dieser »Christusverehrer auf dem Thron« schon Jahre zuvor zur Abfassung einer »Theorie der Geisterkunde« aufgefordert. Bereits im Sommer 1805 hatte sich Jung-Stilling im Schwetzinger Schloß des öfteren mit Karl Friedrich über die später in der »Theorie der Geisterkunde« behandelten Themen unterhalten. Jung-Stilling beobachtete schon lange, »daß es hin und wieder gut-, aber auch übelgesinnte Menschen gebe, die durch vorwitzige Wißbegierde angetrieben, Umgang mit Geistern suchten, auch wohl sich ihrer bedienten, um verborgene Schätze zu erlangen. Dann gibt es aber auch Gesellschaften, teils fromme, teils auch nicht fromme, welche, durch die alles – Unsterblichkeit der Seele, Himmel und Hölle – wegleugnende Philosophie und ihre scheinbaren Einwürfe gegen die Bibel irregemacht, doch gern zur Gewißheit kommen möchten und

Theorie
der
Geister-Kunde,
in einer
Natur- Vernunft- und Bibelmäsigen
Beantwortung der Frage:

Was von

Ahnungen, Gesichten
und
Geistererscheinungen
geglaubt und nicht geglaubt werden müsse.

———————✦———————

Von
Dr. Johann Heinrich Jung
genannt Stilling
Großherzoglich Badenscher Geheimer Hofrath.

Mit einem Titelkupfer.

Nürnberg,
im Verlag der Raw'schen Buchhandlung
1808.

diese nun in verbotenem Umgang mit dem Geisterreich suchen wollen«. Er wußte, daß es unter vielen Grübeleien – »besonders bei hysterischen Frauens- und hypochondrischen Mannspersonen« – zu Visionen und ekstatischen Erlebnissen kommen kann, die dann oft als göttliche Offenbarung ausgegeben werden. Vor solchen Quellen der »gefährlichsten Sekten und furchtbarsten Schwärmereien« wollte er seine Leser durch die »Theorie der Geisterkunde« bewahren: »Ich sage allen, die dies lesen und hören, im Namen der heiligsten Majestät unseres hochgelobten Königs Jesu Christi, gegen alle solche außerordentlichen Erscheinungen, Ahnungen, Entzückungen und Prophezeiungen äußerst mißtrauisch zu sein, alles genau und wohl zu prüfen, auch die Bücher, welche fromme Seelen in einem solchen Zustand geschrieben haben, ja nicht unbedingt als göttliche Offenbarungen anzusehen, ihren Weissagungen nicht zu glauben, sondern überzeugt zu sein, daß einige wohl erfüllt werden können, aber andere, auch wohl alle gar nicht.« »Nichts wissen wollen, als Jesum Christum den Gekreuzigten, das ist uns jetzt teure Pflicht.« Jung-Stilling meinte, wer seine »Theorie der Geisterkunde« aufmerksam liest, werde nichts anderes finden als zwei »Hauptzwecke«: (1) »Durch die Vernunft selbst zu beweisen, daß die mechanische Aufklärungsphilosophie höchst unvernünftig und der Natur Gottes und der Menschen zuwider, dagegen aber die biblisch-christliche Philosophie einzig und allein wahr sei.« (2) »Da die herrschende Aufklärungsphilosophie die Unsterblichkeit der Seelen, ihre Wirksamkeit außer dem Körper und überhaupt den Zustand des Menschen nach dem Tod sehr ungewiß und zweifelhaft macht, so wollte ich nun zugleich aus den neuern sichern Erfahrungen des tierischen Magnetismus und aus den schlechterdings unleugbaren Geistererscheinungen und Ahnungen die wahre Beschaffenheit der menschlichen Seele, ihre freiere Wirksamkeit außer dem Körper und ihre Fortdauer nach dem Tod begründen; – zugleich aber auch beweisen, daß der Umgang mit dem Geisterreich gefährlich, ihn zu suchen höchst sündlich und überhaupt gegen die Ordnung Gottes sei, daß man also aus den Erscheinungen verstorbener Menschen nichts besonders machen, sondern sie zur Ruhe verweisen müsse. Endlich sei das

Porträt Jung-Stillings aus dem Jahr 1810

Mehreste Täuschung und Betrug, und man müsse aus dem allen nichts sonderliches machen.«

Jung-Stillings Buch gehört also nicht zur Okkultismus- und Spiritismusliteratur von damals und heute. Seine »Geisterkunde« will ihre Leser gerade nicht der Geisterwelt kundig machen und zum Umgang mit dieser verführen, sondern im Gegenteil: Jung-Stilling suchte seinen Lesern mit Schrift-, Vernunft- und Erfahrungsbeweisen einen Blick in die Realität der jenseitigen Welt zu vermitteln, und die Wahrheit der biblischen Botschaft von Gottes Reich, vom Jüngsten Gericht, vom ewigen Leben, aber auch von der Macht des Dämonischen mit ganzem Ernst vor Augen zu stellen, um sie zu einem konsequenten biblischen Glaubensleben einzuladen und sie eindringlich vor dem Umgang mit der Geisterwelt zu warnen. Aber Jung-Stilling hatte es geahnt: »meine ›Geisterkunde‹ wird erstaunliche Sensation machen«. So kam es in der Tat. Für die einen war das Buch »das achte Wunderwerk der Welt«, für andere ein ungenießbares Produkt, voll von Gespenster- und Aberglauben; die einen empfanden bei der Lektüre »großen Segen«, die anderen lästerten und spotteten; die eine Kirchenleitung, wie die elsässische, empfahl das Buch nachdrücklich, andere, wie in Basel oder in Württemberg, bewirkten ein Verbot des Buches in ihrem Gebiet; in dem einen Land, wie in Schweden, kam es zu einer schnellen Verbreitung durch eine Übersetzung in die Landessprache, in einem anderen Land, wie in Frankreich, kam es in den Zeitungen zu einem »Wüten und Toben« gegen das Buch. Der Widerstand von weltlicher Seite erscheint nur allzuverständlich, stellte sich doch Jung-Stilling völlig gegen den Strom zeitgenössisch-rationalistischen Denkens. Aber es gab auch mahnende Stimmen von Glaubensbrüdern Jung-Stillings. Und es stellt sich vom theologischen Standpunkt her in der Tat die Frage, ob sich Jung-Stilling in diesem Buch nicht zu weit auf die vernunftgemäße Argumentationsebene begab und ob er sich nicht an einigen Stellen (z.B. Hadeslehre) zu weit vorgewagt hat. Aber die Lauterkeit seiner Motive ist nicht anzuzweifeln, und seine Ziele waren eindeutig biblisch und richtig. In seiner »Apologie der Theorie der Geisterkunde« (1809) versuchte Jung-Stilling die Mißverständnisse, die sein Buch ausgelöst hatte, zu beheben und ungerechtfertigte Angriffe abzuwehren; im übrigen schritt er auf seinem Weg unbeirrt weiter.

Napoleon auf einem Kriegszug

Die immer dramatischer werdenden politischen Ent-
wicklungen in Europa – Napoleons Kriegszug im Frühjahr
1812 mit 600.000 Soldaten gegen Rußland, Brand Mos-
kaus im September 1812, nationale Erhebung in Deutschland gegen Napoleon, Völkerschlacht bei Leipzig vom 16.
bis 18. Oktober 1813, Einzug Zar Alexander I. und seiner
Verbündeten in Paris am 31. März 1814, Rückkehr Napoleons im Frühjahr 1815, endgültige Niederlage Napoleons in
der Schlacht bei Waterloo am 18. Juni 1815 – verfolgte
Jung-Stilling nicht nur hellwach, er reflektierte und kom-
mentierte sie auch von der Bibel her und war schließlich

Einzug der Russen in Heidelberg 1815
(Aquarell von Fr. Rottmann)

nicht nur als Bürger der grenznahen badischen Hauptstadt
von den Ereignissen selbst betroffen, sondern aufgrund
seiner persönlichen Kontakte mit einflußreichen Personen, insbesondere mit dem russischen Zarenhof und dem
Zaren selbst, auch direkt in das Geschehen hineingestellt.
Besonders eindrucksvoll und herzlich entwickelte sich die
Beziehung zu Zar Alexander I., der Jung-Stilling als
Schriftsteller kannte. Schon im Dezember 1813, als sich
der Zar in Karlsruhe aufhielt, hatte er den Wunsch geäußert, Jung-Stilling zu sprechen, »wenigstens zwei Stun-
den«, und wollte ihn dabei »vieles fragen«. Jedoch der Zar
war verhindert, und so kam es zu diesem Zeitpunkt noch
nicht zu der vorgesehenen Begegnung. Aber als Alexander
I. nach dem ersten Pariser Frieden vom 30. Mai 1814 und
einer anschließenden Reise nach England über Holland

Das Schloß zu Bruchsal

nach Baden zurückkehrte, um im Bruchsaler Schloß, dem Wohnsitz seiner badisch-markgräflichen Schwiegermutter Amalie, mit seiner Frau Elisabeth von Baden und ihrer badischen Verwandtschaft zusammenzutreffen, wiederholte er seinen Wunsch. Am Sonntag, den 10. Juli 1814, vormittags um 9 Uhr lud er Jung-Stilling zu einem Gespräch unter vier Augen ins Schloß.

Jung-Stilling berichtete darüber wenige Tage später in einem langen, vertraulichen Brief an Christian Friedrich Spittler, den Sekretär der Deutschen Christentumsgesellschaft in Basel: »Ich ging auf bestimmte Zeit hin, und weil er etwas schwer hört, so mußte ich mich nahe vor ihn setzen. Nun sagte ich ihm meine Gedanken über die gegenwärtige Verfassung der abendländischen Christenheit, daß noch ein schreckliches Finalgericht vorstünde, weil die bisherigen schweren Gerichte auf das Ganze keine Wirkung zur Besserung getan hätten. Dies bejahte er sehr feierlich und eröffnete mir nun noch Tatsachen, die ich nie der Feder anvertrauen darf, die mich aber vollends von der Gewißheit überzeugten. Hierauf aber sagte er mit Freudigkeit: ›Aber haben Sie nicht auch schon bemerkt, daß das Reich Gottes sehr zunimmt?‹ Ich bejahte das; er äußerte sich noch weiter darüber und war froh ... Nun erinnerte ich ihn an die Bibelgesellschaft in Rußland und bat ihn, sie mit Ernst zu unterstützen. ›Ja‹, antwortete er, ›das werde ich gewiß, ich stehe ja an der Spitze.‹ Nun erzählte er mir von den Gesellschaften in England, daß er sie auch alle besucht und sich über sie gefreut habe. Dann fragte er mich über die verschiedenen Religionsparteien und äußerte sich, daß ihm die Herrnhuter Grundsätze am besten gefielen; er habe aber einer Quäker-Versammlung beigewohnt, worinnen er tief ergriffen und gerührt worden. Ich gab das zu, zeigte ihm aber auch die Gefahren, welchen diese Gemeine ausgesetzt sei, und wie leicht es sei, eigene Einfälle für Inspiration zu halten. Dies leuchtete ihm ein. Nun fragte er mich, worin ich eigentlich das wahre Praktische des Christentums im Geist und in der Wahrheit setzte. Ich antwortete, der wahre Glaube an Jesum Christum den Gekreuzigten sei der Grundstein allein; danach sei die Übertragung einfach, sie bestehe: 1. in einer gänzlichen Übergabe ohne einzigen Vorbehalt an den Willen des Herrn Jesu Christi, 2. in einem beständigen Bleiben in Ihm durch die Einkehr und 3. in dem inneren unaufhörlichen Herzensgebet. Der

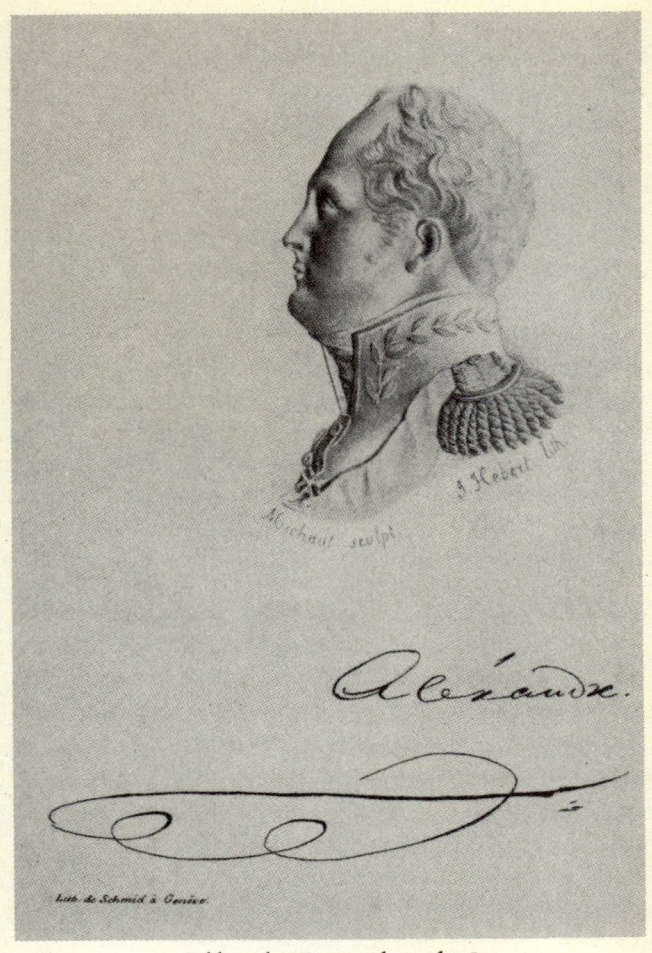

Bildnis des Zaren Alexander I.

Kaiser ergriff mich an beiden Händen und mit Freudentränen sagte er: ›Das ist seit ein paar Jahren auch meine beständige Übung; alles andere ist Zermoniell und Nebensa-

197

che, die nur um der äußeren Ordnung willen nötig ist.‹ Jetzt breitete er sich mit einer solchen Demut und Aufrichtigkeit über sein Inneres aus, daß wir beide tief gerührt wurden. Dann schlossen wir einen Bund zusammen, dem Herrn treu zu sein bis in den Tod. Er küßte mich und ich ihn. Dann schieden wir voneinander. Die Unterredung währte fünf Viertelstunden . . .«

Jung-Stilling war für Alexander I. eine geistliche Autorität, und seine Stimme hatte für ihn ein großes Gewicht. So ist es durchaus berechtigt, hinter dem Dokument der Heiligen Allianz, das Alexander I. kurz vor seiner Abreise aus dem zum zweiten Mal eroberten Paris dem Kaiser von Österreich, Franz I., und dem König von Preußen, Friedrich Wilhelm III., unterbreitete und das am 26. September 1815 unterschrieben wurde, gedankliche Einflüsse Jung-Stillings anzunehmen.

Bei aller Verbindung mit der hohen Politik und allem Interesse an ihr richtete sich Jung-Stillings Blick in diesen Jahren jedoch nicht so sehr auf die politischen Geschehnisse, sondern blieb vielmehr stets auf »das Eine, was not ist« gerichtet. Inmitten aller äußeren Unruhen und Erschütterungen trachtete er unerschüttert »nach dem Reiche Gottes und nach seiner Gerechtigkeit«.

Ständig suchten ihn Menschen aus dem In- und Ausland und aus allen Gesellschaftsschichten auf und begehrten seinen Rat. Königinnen, Prinzen und Erbprinzen, Grafen und Landgrafen, Landräte und Hofräte, Professoren, Doktoren und Offiziere schrieben ihm oder besuchten ihn ebenso wie »ein frommer Jüngling aus Durlach«, »ein Schullehrer von Wilferdingen«, »zwei erweckte Bauern«, »ein junger Kaufmann« oder ein »Polake aus Calw«. Bei ihnen allen bemühte er sich um die Erweckung und Förderung persönlichen Glaubens, bei allen weckte er aber auch das Verständnis für die Anliegen der Erweckungsbewegung und die Bereitschaft zur Unterstützung ihrer Unternehmungen.

Das Karlsruher Schloß nach einem Stich um 1780

Jung-Stilling nahm sich Zeit für den jungen Studenten der Kameralwissenschaften, Adelberdt Graf von der Rekke-Vollmerstein (1791-1878), der ihn im Jahr 1811 in

Christian Gottlob Barth (1799–1862); vgl. S. 201.

Karlsruhe aufsuchte, bei ihm »wahre Seligkeit« empfand
und einen mächtigen Eindruck empfing. Als Graf Recke
ein Jahr später wieder nach Karlsruhe kam, wurde er von
Jung-Stilling sehr herzlich aufgenommen: »Es hätte nicht
viel gekostet, mich glaubend zu machen, ich sei im Himmel . . .« – »O, wie freute ich mich, als Jung mich in die Arme schloß und sagte: ›Also sind Sie dem Herrn treu geblieben?‹ und ich mit frohem Herzen zum Lobe meines gelieb-
ten Erlösers sagen konnte: ›Ja, durch seine Gnade, durch

welche ich es auch ewig zu bleiben hoffe.‹ Freudentränen des ehrwürdigen Greises benetzten meine Wangen, und wir feierten ein Fest des Wiedersehens zum Lobe des Herrn, wie es wohl wenig gefeiert wird.« So wurde Graf Recke »ein gläubiges Kind Gottes«. Er erkannte dabei seine Berufung zur Rettungsarbeit an Kindern, Vagabunden und Verbrechern. Durch Jung-Stilling kam er in Verbindung mit der Deutschen Christentumsgesellschaft in Basel und den Werken der aufkommenden Erweckungsbewegung. Er wurde ein Bahnbrecher und Vorkämpfer der Inneren Mission in Deutschland. Seit 1819 sammelte er auf seinem väterlichen Gut Overdyck bei Bochum eltern- und heimatlos gewordene Kinder, von denen es ja durch die napoleonischen Kriege allzuviele gab, und eröffnete 1822 das Rettungshaus Düsseltal bei Düsseldorf, eine noch heute bestehende, große diakonische Einrichtung. Hier begründete er bereits 1835, also noch vor Fliedners Initiative, ein »Diakonissenstift«; Wichern urteilte darüber: »die ganze Idee der Diakonissen ist bekanntlich zuerst durch Graf von der Recke in Düsseltal ausgesprochen . . .« In späteren Jahren errichtete er in Kraschnitz in Schlesien ein Diakonissenmutterhaus mit Krankenanstalten; noch heute erinnern in Stendal in der Altmark die aus Schlesien vertriebenen »Adelberdt-Schwestern« daran.

Aber auch für den fünfzehnjährigen Gymnasiasten Christian Gottlob Barth (1799-1862), der sich bei einem Ferienaufenthalt in Oberderdingen (Kraichgau) entschlossen hatte, nach Karlsruhe zu reiten, »um den teuren Knecht des Herrn, Jung-Stilling, persönlich kennenzulernen«, nahm sich Jung-Stilling Zeit zum Gespräch. Barth wurde später Pfarrer in Möttlingen bei Calw als Vorgänger Blumhardts, Gründer der Calwer Verlagsanstalt, Liederdichter (vergl. EKG 218 und 222) und eifriger Förderer der Heidenmission.

Mit großer Anteilnahme verfolgte und unterstützte Jung-Stilling die Gründung von Anstalten für Äußere Mis-

sion, besonders die Basler Mission (1815) und die Judenmission. Der erste Präsident des Evangelischen Missions-
vereins in Baden (gegr. 1840), der wegen seiner pietistischen Prägung größte Mühe hatte, innerhalb der Kirche
arbeiten zu dürfen – eigene Missionsgottesdienste wurden
damals noch nicht gestattet! -, wurde Jung-Stillings Sohn
Jakob Jung, Oberhofgerichtsrat in Mannheim, dem Jung-
Stillings Enkel Wilhelm H.E. Schwarz, Pfarrer in Mannheim, zur Seite stand. So ergab sich eine unmittelbare Verbindung zwischen Jung-Stilling, dem Vorkämpfer der Erweckung in Baden, und den Vertretern der unter Aloys
Henhöfers Tätigkeit aufbrechenden, in die Breite wirken-
den Erweckung in Baden. Seite an Seite mit dem Sohn und
dem Enkel Jung-Stillings arbeiteten im Missionsverein
Pfarrer und Laien mit, die von Henhöfer geprägt waren,
wie Karl Peter, Christoph Käß, Wilhelm Stern, Karl Winter, Karl Ullmann.

Durch seine Schriftenmission gab Jung-Stilling Anstöße
für ähnliche Bemühungen an anderen Orten. Er förderte
volksmissionarische und diakonische Aktivitäten in
Deutschland und darüber hinaus; er befürwortete eine Allianz der gläubigen Christen aus allen Konfessionen und
stellte Überlegungen zur Gründung einer bibeltreuen
Hochschule an. Zusammen mit seinen badischen Freunden
plante er im Jahr 1815 die Gründung einer Bibelgesellschaft in Baden, für die sich nach seinem Tod sein Schwiegersohn Friedrich Heinrich Christian Schwarz tatkräftig
einsetzte. Es gab kaum eine wichtige Gestalt oder Einrichtung der Erweckungsbewegung in Deutschland, zu denen
Jung-Stilling keine Beziehung gehabt hätte.

Am 3. Oktober 1815 stieg Goethe in Begleitung von
Sulpiz Boisserée in Karlsruhe ab. Sein erster Weg führte
ihn zu Jung-Stilling. Seit 40 Jahren hatten sich die beiden
Freunde aus Jugendjahren nicht mehr gesehen. Doch es
war inzwischen auf beiden Seiten eine Entfremdung eingetreten, die diese Begegnung überschattete. Jeder konnte

Des

christlichen Menschenfreunds

biblische Erzählungen.

———

Von

Dr. Johann Heinrich Jung,

genannt Stilling,

Großherzoglich Badenscher Geheimer Hofrath.

———

In zwei Bänden.

Zweiter Band.

*Jung-Stillings Schriften-
mission war ein wichtiges
Element für die Erwek-
kung in Deutschland.*

Stuttgart.
J. Scheible's Buchhandlung.

1837.

die Haltung und den Weg des anderen nicht verstehen.
Jung-Stillings harmlose, wenn auch unbedachte Äußerung
»Ei, die Vorsehung führt uns schon wieder zusammen!«
kränkte Goethe tief. Verstimmt fuhr er nach einer Tasse
Tee und einem kurzen Gang durchs Haus[14] wieder weg.
Jung-Stilling gab seinem Bedauern darüber brieflichen
Ausdruck, worauf Goethe antwortete und einen weiteren
Besuch in Aussicht stellte, zu dem es dann aber nicht mehr
kam. Über dem Verlust der gemeinsamen religiösen Mitte
war es längst auch schon zum Bruch der Freundschaft zwi-
schen Goethe und Lavater gekommen.

Diese gemeinsame Mitte teilte hingegen der jüngere
Dichter Max von Schenkendorf (1783-1817) mit Jung-Stilling. Schenkendorf verkehrte seit September 1812 regelmäßig im Hause Jung-Stillings; schon bei der ersten per-

sönlichen Begegnung gab er alle mitgebrachten Vorurteile preis; er fühlte sich bei »Vater Stilling« je länger, desto wohler. Wann er nur immer konnte, besuchte und begleitete er ihn. An Jung-Stillings 75. Geburtstag (12. 9. 1815) wandte er sich mit einem Festgedicht an den greisen »Patriarchen der Erweckung«: »O Vater, freundlich, stark und mild, der hier im Hause waltet, bist uns des ew'gen Vaters Bild, der nimmermehr veraltet.« Als Schenkendorf Ende 1816 nach Koblenz verzog, war er um Jung-Stillings Ergehen sehr besorgt. Als er im darauffolgenden Frühjahr von Jung-Stillings Tod erfuhr, war er tief erschüttert und eilte nach Karlsruhe an Jung-Stillings Grab. Allzu früh sollte er Jung-Stilling im Tode folgen. An seinem 34. Geburtstag, am 11. Dezember 1817, verstarb Schenkendorf in Koblenz.

Einen ähnlichen Eindruck von Jung-Stilling wie Schenkendorf gewann auch der Diplomat und Schriftsteller Karl August Varnhagen von Ense (1785-1858), der von 1816 bis 1819 als preußischer Gesandter in Karlsruhe lebte: »Ich besuchte den berühmten Jung-Stilling, einen schon hohen Siebziger, der aber noch ein rüstiges Ansehen hatte ... Ich sah mit Rührung den sanften und noch immer lebhaften Greis vor mir ... Er war einer der wenigen Menschen, in denen ich das treue Bild eines echten Christen erkennen zu dürfen glaubte ...«

Über Jung-Stillings Ergehen in seinen letzten Lebensjahren erfahren wir aus seinen Briefen und Tagebüchern. Einem Brieffreund schrieb er im Jahr 1811: »Du fragst nach meinem und der Meinigen Ergehen. Liebster Bruder! Wie immer, nie ohne Leiden, bald schwerer, bald leichter, aber auch nie ohne Freuden, bald mehr, bald weniger herzerhebend. In meiner Familie herrscht Friede und unbeschreibliche Liebe, jedem ist in unserem Zirkel unbeschreiblich wohl. Meine Frau und Kinder sind des Herrn; und unsere Liebe untereinander ist ohne Beispiel. Aber immer müssen wir uns vom Glaubensfädchen, das aus dem heiligen Dunkel herabhängt, führen lassen.« Selbst seine wirtschaftlichen Sorgen wurde Jung-Stilling nie endgültig los. Auch in dieser Hinsicht war er bis zuletzt auf Gottes Fürsorge angewiesen. So blieb der Vater und Lehrer des Glaubens stets Kind und Schüler im Glauben. Im Jahr 1813 trug er an verschiedenen Tagen folgende Stoßgebete in sein Tagebuch ein: »Herr, erhalte mich in deiner Nähe«; »ach Herr, erlöse mich doch bald aus meiner jetzigen Prüfung!«; »möchte ich nur treuer im Wachen und Beten sein!«; »du Herr, weißt alle Wege, du weißt meine Bedürfnisse, Herr, hilf mir!«; »Herr, mein Gott, du siehst in mein Inneres und weißt meine Not, hilf mir!«; »guter, treuer Heiland, gib mir doch mehr Kraft und Mut!«

Über alledem blieb Jung-Stilling nicht auf sich selbst fixiert, sein Blick richtete sich auf das Reich Gottes, ohne daß er den Lauf der Dinge dieser Welt mißachtet hätte. Der vielseitig begabte, umfassend gebildete und interessierte Jung-Stilling verfolgte nicht nur mit wachem Geist das Zeitgeschehen anhand mehrerer Zeitungen, er blickte auch zurück und las historische Schriften. Aber seine erstrangige Lektüre blieb die Bibel und erbauliche Literatur. Abgesehen von seiner täglichen »Bibelübung« las er ganze biblische Bücher kursorisch; die Lektüre unterhaltender Literatur nahm in den letzten Jahren ab. Auch auf dem Gebiet der Lektüre konzentrierte er sich also immer mehr auf das Geistliche, aber doch auch wieder nicht so sehr, daß er nicht noch in seinen letzten Lebensjahren am Graimbergschen Institut, einer angesehenen Ausbildungsstätte in Karlsruhe für Töchter von Adligen und Honoratioren, Naturkunde unterrichtet und im Jahr 1816 eine »Naturgeschichte für Frauenzimmer« veröffentlicht hätte.

Noch im Sommer 1816 operierte Jung-Stilling 17 Starblinde, und nach seinem 76. Geburtstag, am 2. September 1816, griff er noch einmal zur Feder, um zum letzten Abschnitt seines Lebens, dem sechsten Band seiner »Lebensgeschichte«, unter der Überschrift »Heinrich Stillings Alter« anzusetzen. Er begann diesen seinen letzten, entscheidenden Lebensabschnitt mit den vielsagenden Worten »Bald am Ziel meiner Wallfahrt . . .« Der Text bricht nach wenigen Seiten mitten in der Schilderung der Ereignisse des Sommers 1804 ab. Jung-Stilling konnte nicht mehr. Er wurde im Herbst 1816 immer schwächer und mußte die meiste Zeit liegend zubringen. Seine Frau Elise wurde ebenfalls bettlägerig. Das Ehepaar schickte sich zur Heimreise an. Jung-Stilling sagte: »Es ist mir einerlei, wie es kommt, fortwirken oder nicht, ich bin auf alles gefaßt . . . Gott hat mich von Jugend auf mit besonderer Vorsehung geleitet, ich will nicht unzufrieden sein, sondern ihn auch in meinem Leiden verherrlichen!« Was ihn in seiner Krankheit besonders erquickte, waren Nachrichten von den Missionsgebieten – »das ist jetzt in meinem Alter meine Freude und Erholung, wenn ich so daliege und höre von der weitern Ausbreitung des Christentums«. Die Bibel lag immer griffbereit in der Nähe, das Gesangbuch daneben. Als Jung-Stilling merkte, daß es mit seiner Frau zu Ende gehen wollte, las er ihr noch aus dem Gesangbuch vor und nahm dann mit den folgenden Worten Abschied von ihr: »Der Herr segne Dich, Du leidender Engel, der Herr sei mit Dir!« Sie entschlief sanft am 22. März 1817. Als seine Kinder bei ihm um die Entschlafene trauerten, meinte er: »Seht, das kann mir nicht so leid sein als Euch, da ich hoffe, sie bald wiederzusehen!« Er durchlitt noch einige Tage besonderer Anfechtung, in den letzten beiden Tagen seines Lebens aber fiel alle Unruhe von ihm ab. Er ließ seine Kinder zu sich kommen und sagte: »Es ist eine wichtige Sache um das Sterben und keine Kleinigkeit« und »es ist eine wunderbare Sache um die Zukunft.«

Am Morgen des 1. April 1817 ermahnte Jung-Stilling seine Kinder: »Liebe Kinder, befleißigt Euch der wahren Gottesfurcht! Da meint man, es sei getan, wenn man nur in die Kirche und zum heiligen Nachtmahl gehe; aber die gänzliche Ergebung in den Willen Gottes, beständiger Umgang mit ihm und Gebet ist es!«

Auch betete er den Vers:
»Ich rühme mich einzig der blutenden Wunden,
die Jesus an Händen und Füßen empfunden.
Drein will ich mich wickeln, recht christlich zu leben,
daß einst ich himmelan fröhlich kann streben!«

An diesem Tag kamen zahlreiche Freunde, um von Jung-Stilling Abschied zu nehmen. Ein jeder wünschte sich, auch einmal mit derselben Glaubenskraft und Zuversicht sterben zu dürfen. Seinen Kindern versicherte er, daß er sie alle sehr lieb habe, daß ihm aber die Trennung nicht schwerfällt, weil er seinen Herrn so liebe. Wiederholt ermahnte er sie, im Glauben und in der Liebe zu bleiben. Auch betete er dann, Gott möge sie im Glauben an Jesum Christum erhalten, sie als Reben am Weinstock bewahren. Am Morgen des Karmittwochs, 2. April, fühlte Jung-Stilling sein nahendes Ende. Er versammelte die Seinen um sich her, ließ sie niederknien, entblößte sein Haupt, faltete die Hände, betete, reichte seinen Angehörigen und nahm

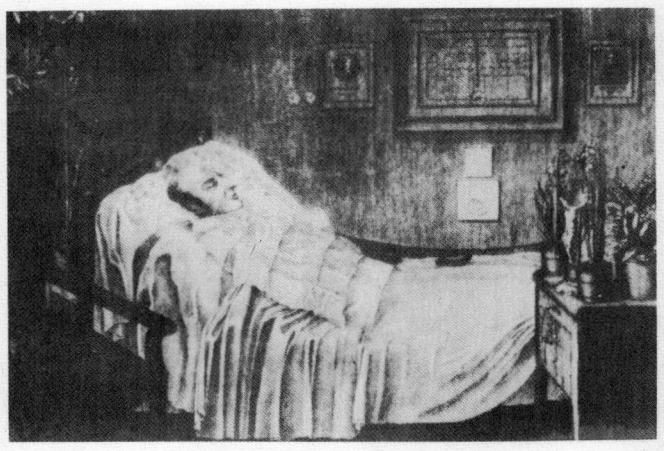

Jung-Stilling auf dem Totenbett

schließlich selbst das Heilige Abendmahl, breitete seine Hände zum Segen über sie aus und rief »Der Herr sei mit euch!« In seinem folgenden Todesleiden rief er wiederholt »Herr, nimm mich auf in deine ewige Hütte!« – »Du Todesüberwinder, Kraft!« – Und zu seinen Kindern sagte er: »Es geht keines weg!« – »Habt Geduld!« – »Haltet an im Gebet!« Zuletzt sprach er: »Vater, nimm meinen Geist auf!« Es war um die Mittagszeit, als er seinen letzten Atemzug tat.

Am Nachmittag des Ostersonntags, am 6. April 1817 wurde Jung-Stilling auf dem alten Friedhof in Karlsruhe bestattet. Eine unzählige Menschenmenge war versammelt, um Abschied zu nehmen. Der Pfarrer der reformierten Gemeinde, Kirchenrat Jakob Christoph Kühlenthal (1743-1818), predigte über Sprüche 10,7: »Das Andenken der Gerechten bleibt im Segen«. Auf den Grabstein kamen später die schlichten Worte des Petrusbekenntnisses: »Herr, du weißt, daß ich dich liebhabe!« (Johannes 21,17)[15]

Und die aus Jung-Stillings Briefseelsorge und erwecklichem Schrifttum sowie aus den Berichten über sein Leben und Sterben ausstrahlende Liebe zu Christus wirkte auch nach seinem Abscheiden als eine gewinnende Einladung zum Glauben im Segen weiter. Als der junge, noch rationalistisch gesinnte russische Graf und spätere berühmte Basler Missionar Felician von Zaremba (1794-1874) in Petersburg im Jahr 1817 auf Jung-Stillings Lebensgeschichte stieß, veränderte dieses Buch sein Leben grundlegend. Er bekannte: »Dieses Buch wurde in Gottes Hand das Segenswerkzeug für mein Inneres.« Neben die Erkenntnis »In Jesus ist die Erscheinung des wahren Gottes selbst« trat das Mitleid mit den »Niedrigen, Verführten und Zerrütteten« und der Entschluß: »ich streckte mich aber nach dem aus, den ich nun bat, mich auch so in seine Obhut und Gemeinschaft aufzunehmen wie seinen großen Zeugen Stilling, und ihm nach übergab ich mich dem Herrn«. Der Doktor der Philosophie und Major der russischen Armee, der am Beginn einer aussichtsreichen diplo-

Ludwig Hofacker (1789–1828). Vgl. S. 210

matischen Laufbahn stand, beschloß daraufhin, Heimat,
Besitz und Karriere aufzugeben und reiste mittellos nach
Baden, um dort, im letzten Wirkungskreis Jung-Stillings,
nach Menschen zu suchen, die »nach der Bibel leben«. Er
fand in Weinheim an der Bergstraße Jung-Stillings Enkel,
den Pfarrer Dr. Wilhelm Schwarz, der in diesem Sinn lebte
und ihm riet, zur Basler Mission zu gehen. In deren Auftrag arbeitete er in großem Segen in Rußland, in Persien
und schließlich als »Reiseprediger« im Heimatdienst der
Basler Mission.

Im Jahr 1818 fiel dem vom Zeitgeist beherrschten und
voller Unruhe nach Wahrheit suchenden Tübinger Studenten und späteren bedeutendsten schwäbischen Erwek-

kungsprediger Ludwig Hofacker (1798-1828) eine Schrift über Jung-Stillings Lebensende in die Hände. Über die Wirkung der Lektüre schrieb Ludwig Hofacker später: »Ich dachte: dieser Mann hat etwas gehabt, das er ohne Zweifel glaubte, und auf das er seine Seligkeit setzen konnte. Dies machte mich dem Evangelium geneigter.«

Auch noch viele andere wurden seither von Jung-Stillings geistlichem Vermächtnis berührt und gesegnet (vgl. Hebr. 13,7).

Anmerkungen

Die meisten Zitate sind der von G.A. Benrath herausgegebenen »Lebensgeschichte« (Autobiographie) und den 1835–1838 erschienenen »Sämtlichen Schriften« Jung-Stillings entnommen (s. Literaturverzeichnis!).

[1] Jung-Stillings Kindheit, Jugend und Elberfelder Berufsjahre wurden sehr sorgfältig von Rainer Vinke in seiner Dissertation »Jung-Stilling und die Aufklärung« untersucht (s. Literaturverzeichnis)

[2] Vgl. Hahn, Jung-Stilling zwischen Pietismus und Aufklärung, S. 109 bis 129

[3] Vgl. die Analyse des Romans bei Hahn, a.a.O., S. 173-220

[4] Vgl. die Analyse des Romans bei Hahn, a.a.O., S. 221-266

[5] Vgl. die Analyse des Romans bei Hahn, a.a.O., S. 267-286

[6] 45 Monatshefte, April 1781 – Dezember 1784. Bei der Erscheinung der letzten drei Hefte war Jung-Stilling schon in Heidelberg. Vgl. die Analyse des »Volkslehrers« bei Hahn, a.a.O., S. 131-172

[7] Vgl. die ausführliche Schilderung der Beziehungen Jung-Stillings zu seinen fünf theologischen Freunden in der Kaiserslauterer und Heidelberger Zeit bei Hahn, a.a.O., S. 57-108. Vier der fünf Freunde Jung-Stillings waren Lehrer an der Universität, und der fünfte hatte als der zur damaligen Zeit bedeutendste Theologe der Pfalz eine wichtige Stellung inne.

[8] Vgl. Benrath, Die Freundschaft zwischen Jung-Stilling und Lavater (s. Literaturverzeichnis)

[9] Vgl. die Analyse des Romans bei Hahn, a.a.O., S. 287-376

[10] Vgl. die systematische Beschreibung der fromm-aufklärerischen Laientheologie des frühen Jung-Stilling bei Hahn, a.a.O., S. 429-494

[11] Vgl. die Darstellung der augenärztlichen Tätigkeit Jung-Stillings bei Propach, Johann Heinrich Jung-Stilling als Arzt, hier besonders S. 112ff.

[12] Jung-Stillings »Tägliche Bibelübungen«, bisher nur handschriftlich erhalten, wurden jetzt zum ersten Mal gedruckt, herausgegeben von Gustav Adolf Benrath, Brunnen Verlag Gießen, 1989

[13] Im Jahr 1979 erschien im Fourier Verlag Wiesbaden ein unveränderter fotomechanischer Neudruck der Originalausgabe von 1808; im Jahr 1987 erschien im Verlag Franz Greno, Nördlingen, eine Neuausgabe.

[14] Nach dem Tod von Großherzog Karl Friedrich hatte Jung-Stilling seine Arbeitsräume im Schloß verloren und war mit seiner Familie von der Waldstraße 10 in eine billigere Wohnung (Straße und Haus noch unbekannt; bisherige Vermutung: Stein-Straße 23) umgezogen.

¹⁵ Zum 150. Todestag Jung-Stillings, am 2. April 1967, fand noch einmal eine Gedenkfeier der Stadt Karlsruhe an Jung-Stillings Grab statt. Ein Jahr später wurden die Gebeine Jung-Stillings und seiner Frau auf den Hauptfriedhof umgebettet. Das schlichte, schöne Grabkreuz aber wurde nach Hilchenbach »weggegeben«.

BIOGRAPHISCHE ÜBERSICHT

1740	12. September	Jung-Stilling in Grund bei Hilchenbach geboren
1742	19. April	Tod der Mutter
1755	15. April	Konfirmation
1755	1. Mai bis 1762	Schulmeister, Schneidergeselle und Hauslehrer an verschiedenen Orten des Siegerlandes
1762	12. April - Ostermontag	Abschied von der Heimat Beginn der Wanderschaft
1762	Mitte Juli	Erweckungserlebnis in Solingen
1763 bis 1770	29. September Sommer	Hauslehrer bei Johann Peter Flender in Kräwinklerbrücke
1770	12. Februar	Verlobung mit Christine Heider aus Ronsdorf
1770	28. August	Reise zum Studium nach Straßburg
1771	17. Juni	Hochzeit mit Christine Heider an deren Krankenbett
1772	23./24. März	Ende des Studiums in Straßburg
1772	1. Mai	Eröffnung der ärztlichen Praxis in Elberfeld
1773	Frühjahr	Erste Staroperation
1774	22. Juli	Zusammenkunft mit Goethe, Jacobi, Lavater, Hasenkamp, Collenbusch u.a. in Elberfeld
1778	21. September	Berufung auf eine Professur für Kameralwissenschaften an der Kameral Hohen Schule in Kaiserslautern
1778	25. Oktober	Umzug nach Kaiserslautern
1781	18. Oktober	Tod der ersten Ehefrau

1782	14. August	Hochzeit mit Maria Salome von St. George
1784	2. Oktober	Übersiedlung der Kameral Hohen Schule nach Heidelberg
1786	7. November	Festrede zum vierhundertjährigen Jubiläum der Universität Heidelberg
1787	Februar	Berufung auf eine Professur für Staatswissenschaften an der Universität Marburg
1787	8. April	Umzug nach Marburg
1789	Herbst	Wichtige Stationen der Wende: Aufenthalt bei Pfarrer Sartorius in Rüsselsheim und Besuch der Brüdergemeine in Neuwied
1790	23. Mai	Tod der zweiten Ehefrau
1790	19. November	Hochzeit mit Elisabeth Coing
1793	August bis	Abfassung des Romans »Das
1794	Dezember	Heimweh«
1803	2. Juni	Kurfürst Karl Friedrich von Baden beruft Jung-Stilling zur freien Tätigkeit als Briefseelsorger und Erbauungsschriftsteller in Baden
1803	10.-17. September	Umzug von Marburg nach Heidelberg
1806	8. Dezember	Übersiedlung nach Karlsruhe als Berater des Kurfürsten
1807	17. Juni	Umzug der Familie nach Karlsruhe
1814	10. Juni	Audienz bei Zar Alexander I. in Bruchsal
1817	22. März	Tod der dritten Ehefrau
1817	2. April	Jung-Stilling in Karlsruhe verstorben

LITERATURVERZEICHNIS (AUSWAHL)

1. Quellentexte

Jung, Johann Heinrich: Sämtliche Schriften. Stuttgart 1835-1838

Jung, Johann Heinrich: Sämtliche Werke. Stuttgart 1841

Jung-Stilling, Johann Heinrich: Lebensgeschichte. Hg. v. Gustav Adolf Benrath. Darmstadt 1976

Jung, Johann Heinrich: Tägliche Bibelübungen. Hg. v. Gustav Adolf Benrath. Gießen 1989

Briefe Jung-Stillings: ». . . wenn die Seele geadelt ist«. Aus dem Briefwechsel Jung-Stillings. Hg. v. Hermann Müller. Gießen 1967

Briefe Jung-Stillings an seine Freunde. Hg. v. Alexander Vömel. Leipzig [2]1924

Briefe (Jung-Stillings) an Verwandte, Freunde und Fremde aus den Jahren 1787-1816. Hg. v. Hans W. Panthel. Hildesheim 1978

2. Sekundärliteratur

Benrath, Gustav Adolf: Karl Friedrich von Baden und Johann Heinrich Jung-Stilling. In: Badische Heimat, Ekkhart, Jahrbuch für das Badener Land 1972, S. 73ff

Benrath, Gustav Adolf: Die Freundschaft zwischen Jung-Stilling und Lavater. In: Bleibendes im Wandel der Kirchengeschichte, Kirchenhistorische Studien. Hg. v. Bernd Moeller und Gerhard Ruhbach. Tübingen 1973, S. 251ff

Benrath, Gustav Adolf: Jung-Stillings Tagebuch von 1803. In: Der Pietismus in Gestalten und Wirkungen. Martin Schmidt zum 65. Geburtstag. Hg. v. H. Bornkamm, F. Heyer, A. Schindler, AGP 14. Bielefeld 1975, S. 50ff

Benrath, Gustav Adolf: Jung-Stillings Notizbuch aus den Jahren 1778-1813. In: Monatshefte für die evangelische Kirchengeschichte des Rheinlandes 39 (1990)

Benz, Ernst: Jung-Stilling in Marburg, [2]1971

Geiger, Max: Aufklärung und Erweckung. Beiträge zur Erforschung Johann Heinrich Jung-Stillings und der Erweckungstheologie. Zürich 1963

Hahn, Otto W.: Jung-Stilling zwischen Pietismus und Aufklärung. Sein Leben und sein literarisches Werk 1778-1787. Europäische Hochschulschriften Reihe XXIII, Bd. 344. Frankfurt am Main/Bern/New York/Paris 1988

Merk, Gerhard: Jung-Stilling-Lexikon Wirtschaft. Berlin 1987

Merk, Gerhard: Jung-Stilling-Lexikon Religion. Kreuztal 1988

Merk, Gerhard: Jung-Stilling. Ein Umriß seines Lebens. Kreuztal 1989

Propach, Gerd: Johann Heinrich Jung-Stilling als Arzt. Arbeiten der Forschungsstelle des Instituts für Geschichte der Medizin der Universität zu Köln. Bd. 27. Köln 1983

Schwinge, Gerhard: Jung-Stilling am Hofe Karl Friedrichs in Karlsruhe. ZGO 135 (1987). S. 183-205

Vinke, Rainer: Jung-Stilling bei Flender (1763-1770). In: Theologische Zeitschrift, Jg. 41, 1985, Heft 4, S. 359-390

Vinke, Rainer: Jung-Stilling und die Aufklärung. Die polemischen Schriften Johann Heinrich Jung-Stillings gegen Friedrich Nicolai (1775/76). Stuttgart 1987